働き方改革の経済学

少子高齢化社会の人事管理

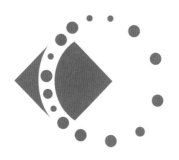

八代尚宏 Naohiro Yashiro

日本評論社

はじめに

アベノミクス成長戦略の「三本の矢」の内、最初の二本の金融・財政政策は従来の枠組みを大きく超えた規模にまで拡大した。それにもかかわらず、肝心のデフレ脱却と経済成長の押し上げには至っていない。これは過去十年以上にわたって、人々の賃金所得が全く増加していないという「異常な状況」にも裏付けられている。この主な要因のひとつは、三番目の矢である、本来の成長戦略の大きな柱としての労働市場改革の遅れである。戦後の高い経済成長期とピラミッド型の人口の年齢構成という特殊な環境の下で成立・普及した日本の働き方をいつまでも維持することはできない。少子高齢化が進む低成長期に対応できるような構造改革をどこまで進められるかが、今後の日本経済を活性化させる大きなカギを握っている。

こうしたなかで、2017年初めに政府の「働き方改革実行計画」が公表された。ここでは官邸主導で、従来の厚生労働省路線とは異なった大胆な改革案が盛り込まれている。例えば「同一労働同一賃金」は、建て前としては誰も反対しないものの、現実に日本の労働市場への適用は困難というのが暗黙のコンセンサスであった。それにもかかわらず、「非正規労働」という言葉を国内から一掃する」という安倍晋三総理の強い意向を反映して、「働き方の違いに関わらず同一労働同一賃金」という、より具体的な目標を設定した。しかし、それを実現するためには、既存の働き方の枠組みを抜本的に変えなければならない。この覚悟がどこまであったのだろうか。

「米国には『黒人問題』というものはない」という有名な言葉がある。これには「米国にあるのは『白人問題』だ」という言葉が続く。この表現を借りれば、「日本には『非正規労働問題』は存在しない。あるのは『正規労働問題』だ」ということになる。

以前に筆者がOECDという国際機関に勤務した際に、「日本では、一度、会社に採用されたら雇用は終身保障され、賃金は毎年増えて行くという、まるで夢のような国だ」と言われたことがあった。これは、単に外国人の誤解ではなく、本気でそう信じている日本人も少なくないのではないか。不況期にも正社員の雇用が保障されるのは、その代わりに雇用契約の更新が打ち止めになる非正社員がいるからだ。正社員の年功賃金を支えているのもフラット賃金の非正社員である。「雇用が不安定で低賃金の非正社員の働き方を規制でなくせば、皆が正社員になれる」という、夢を見ているかのような論者も少なくない。

同一労働同一賃金の実現を妨げている最大の要因は、正社員の年功賃金にある。この自明の事実を避けて通るために、あえて年功賃金を正当化する様々な屁理屈を捏ねるのは真の「働き方改革」ではない。

日本の企業別労働市場では、現在の働き方を維持することで労使間に基本的な利害の一致がある。大企業の内部での円満な労使関係は、日本の働き方の大きな利点である。しかし、その外部に存在する中小企業や非正社員の利益を労働政策決定に反映させるプロセスは乏しい。日本では欧米のような「労使対立」が小さい代わりに、「労働者対労働者の利害対立（労労対立）」が深刻な問題となっている。

正社員の間でも、従来の「専業主婦付き世帯主」はもはや少数派となっており、若年世代を中心に、夫婦が共に働き、共に家事子育てをする世帯が大多数を占めている。しかし、経営者団体や労働組合は、この多数派の労働者の利益に沿った政策を進めているとはいえない。

そうした中で、今回の働き方改革に盛り込まれた「残業時間の上限規制」は、数少ない成果であった。慢性的に長い労働時間の削減は、過労死を防ぐとともに女性の活用を図り、ワークライフバランスを実現するために不可欠である。他方で、それと対となる「高度プロフェッショナル制度」については、休業規制の大幅な強化にもかかわらず、「残業代ゼロ法案」というレッテルのように、「時間よりカネ」重視の反対論が根強い。

働き方の改革は、個々の企業内で労使の合意を通じて進めることが基本である。政府ができることは、企業が多様な働き方が可能な人事制度へと移行することを側面から支援することである。このためには、過去の働き方を暗黙の前提として形成された法律・規制や、労働市場を取り巻く様々な制度の改革が求められている。

もっとも、現行の法制度の枠内で企業ができることも少なくない。人事評価制度の見直しはそのひとつであり、政府が目指している本来の働き方改革の方向を先取りした人事改革を進める企業が増えるほど、政府の働き方改革も容易となる。

本書の構成は以下のとおりである。

第1章「日本の労働市場の構造変化」では、日本の経済成長に及ぼす労働市場の役割について概括する。長期的に日本経済の成長を抑制する要因として、労働力供給の制約が大きい。労働力の増加とその質の向上は、それ自体が経済成長の基本的な要因であるだけでなく、労働力と補完的な資本の生産性を高め投資を促進させる効果もある。また、戦後日本の経済成長のもっとも大きな要因としての全要素生産性（ＴＦＰ）上昇率は、経済全体の資本や労働力の配分効率であり、これを高めるためには、雇用の流動性を制約している要因を取り除く必要がある。

２０１０年以降、失業率が持続的に低下し人手不足が顕著となっているにもかかわらず、それが賃金の増加にほとんど結び付いていない。これには賃金の低い非正社員比率の傾向的な高まりがある。また、賃金水準がとくに高い中高年層の人口比率の高まりから年功賃金カーブが是正されていることも影響している。現在の労働市場の諸問題は、マクロ経済的な視点とミクロの制度的な側面との双方を合わせて検討する必要がある。

第2章「解雇の金銭解決ルールはなぜ必要か」では、しばしば唱えられる「日本の解雇規制は厳しすぎる」という論理は誤っており、むしろ明確な規制がないことが大きな要因であることを示す。労働基準法は「解雇自由の原則」にもとづいており、これと長期雇用を保障する日本の慣行とのギャップを埋めるために裁判における判例法依存の個別紛争処理の仕組みが発展した。しかし現状では、不当な解雇に見舞われた労働者は裁判に訴えなければ十分な救済を受けられない。このため裁判に訴えられる労働者とそれ以外の労働者との間に、解雇補償の金額に大きな格差が生じている。また、企業にとっての解雇コストの不透明性は、正社員の採用を抑制する大きな要因ともなっている。解雇をめぐる個別労働紛争の公平な解決のためには、欧州の主要国では一般的に導入されている解雇の金銭解決ルールの制定が必要とされる。

第3章「竜頭蛇尾の同一労働同一賃金改革」では、当初の「非正規という言葉をなくす」という高い理想ではじまった改革が、結果的に正社員の年功賃金を維持することを前提とした諸手当の改革等、矮小な形にとどまることの要因について考える。これは正社員と非正社員との賃金格差の主因が、年齢とともに高まる正社員の賃金体系にあることを直視しなかったためである。同一労働同一賃金の実現のためには、非正社員よりもむしろ正社員の働き方の見直しが基本であり、地域・職種の限定等、多様な形態の正社員の働き方を設けることで契約社員との格差を是正する必要がある。また、働き方の違いにかかわらず、類似の業務を行う社員について、その給与に差があることを会社側が立証する責任を課す。これによって、企業に対して仕事と報酬とが明確にリンクした職務給への移行を促すことについて考える。

また、2013年度から施行された改正労働契約法では、5年を超える継続的な有期雇用は無期雇用への転換義務が課せられている。これが実効化する2018年度以降は、「年功賃金なしの長期雇用」の新たな働き方が増えることになる。しかし、これは同じ長期雇用者同士の間で、年々賃金が高まる正社員とそうでない無期雇用者との間の賃金格差が、持続的に拡大していくことを意味する。結局、正社員の働き方を維持したままでの小手先の改革では、同一労働同一賃金はとうてい実現できない。

第4章「**残業依存の働き方の改革**」では、まず、現行の残業規制の在り方について考える。また、これまでも労働組合の合意さえ得られれば、残業を青天井で増やすことができた。この労働基準法の抜け穴を防ぎ、罰則付きの法律で残業時間の上限を規制する法案ができたことは高く評価される。その上で、これと対になるホワイトカラーの専門職を対象とした「高度プロフェッショナル」制度の仕組みについて検討する。ここで労働時間に見合った残業代がなくなると過剰労働になるという誤解に対し、使用者に対する強力な休業規制の義務付けで健康確保を図る安全弁を強調する。

働き方の多様化を促進するためにはテレワーク活用が重要となる。在宅勤務のための技術的な基盤は、すでに存在しているものの、上司の管理下にない労働者の働き方についての明確なルールがないために、その活用に消極的な企業が多い。このため労働基準法上に在宅という場所に限定して、仕事と家事等の自由な時間配分を可能とする、裁量労働の一種としての働き方を認める法的な措置が必要なことを訴える。

第5章「年齢差別としての定年退職制度」では、9割以上の大企業が60歳に定年という画一的な解雇制度を設けていることを「年齢による差別」と考える。これは欧米の職種別労働市場では、特定の仕事をすることを前提に雇用されているため、それに見合った能力が発揮できないことは正当な解雇理由になる。逆に、まだ十分に働ける能力があるのに、一定の年齢になったことだけを理由に解雇することは「差別」という論理になる。日本でも2025年の年金支給開始年齢の引上げに対応して、定年退職者の65歳までの再雇用義務が企業に課せられている。しかし、多くの場合に1年契約の更新とする場合が多く、責任ある地位に就けられない。これは画一的な雇用保障と年功賃金を清算する仕組みである定年制を変えないまま、それに65歳までの雇用延長措置を単に追加した結果である。今後、長期的に年金支給開始年齢の70歳支給を見据えた場合に、企業の雇用義務のさらなる延長は困難といえる。欧米企業のように定年制自体を廃止するためには、定年前の働き方をどのように改革するかについての検討が必要とされる。

第6章「女性の活用はなぜ進まないか」では、当初のアベノミクスの大きな柱であったはずの女性社員の活用について考える。最近、女性就業のM字型パターンが急速に薄れていることから、女性の就業は十分に進んでいるとの見方もある。しかし、これは本来の既婚女性の就業率向上だけでなく、元々、就業率の高い未婚女性の比率の高まりという構成変化による面も大きい。女性の活用が進めば少子化がより進展するという、両者の間の基本的な矛盾はいぜんとして健在である。また、日本では他の先進国と比べて、男女間賃金格差が大きく、女性の管理職比率が低いが、これは盾の両面である。いずれも男女間に特定の企業の勤続年数に大きな差があることが主因となっている。これまでの政策は、女性に対して男性と同じような働き方を継続して行うことへの支援が中心であったが、この効果は限定的である。むしろ男性の雇用の流動性を高めることで経済全体の人材の配分効率を向上させることが、結果的に男女間の雇用・賃金格差の是正に結びつくといえる。

第7章「人事制度改革の方向」では、上記のような政府の労働市場改革と対になる企業の人事制度改革について考える。長期の雇用保障を前提に無限定の働き方を行う正社員の人事は、新卒採用から退職時まで人事部によって集権的に管理されている。しかし、今後増える職種・地域限定正社員は持続的な配置転換の必要性が低いことから、欧米企業と同様に外部から専門的な人材を部局別に採用することが望ましい。従来型の定期採用のジェネラリストと部局別採用の専門職とのバランスを見直す必要性がある。

労働時間ではなく成果にもとづく働き方が増えると、それだけ人事評価の重要性が高まり、より評価のために時間とコストをかける必要がある。これは直属の上司だけでなく、その上司も含めた多段階評価であり、いわば裁判制度のように評価内容が透明で納得性の高いものでなければならない。特に人事評価の軸となる管理職の役割はいっそう重要となり、その負担も重くなる。管理職ポストを、現行のように長期勤続者への「処遇」としてではなく、専門的な「職種」のひとつとして位置付ける必要がある。

目次

第7章　人事制度改革の方向

第1章　日本の労働市場の構造変化

経済活動の規模（ＧＤＰ）が持続的に拡大することは、人々の生活水準を向上させる基本的な要因となる。１９６０〜７０年代のように、経済成長が自然環境の悪化や公害等の外部不経済を伴った時代もあったが、そうした弊害は環境保護法等、政府の市場介入で克服されている。今日では、社会環境の価値も含めた経済成長が社会的なコンセンサスとなっている。それにもかかわらず、日本では、「もはや成長はいらない」という論者は少なくない。これは「経済が成長しても所得格差が広がるなら意味はない」という分配重視の考え方である。

しかし、こうした「経済成長よりも所得の再分配」という論者は、より良い働き方や豊かな生活を求める多くの人々の声を無視したものである。また、平均所得水準の持続的な向上なしに既存の所得を再分配しようとする政策は、大きな社会的反発を受け、机上の空論となることを忘れている。本来、伝統的な「貧しきを憂えず、等しからざるを憂う」という痩せ我慢の考え方は維持可能ではない。むしろ全体の所得格差が拡大しても、もっとも貧しい層の所得水準を向上させる経済成長が正しい政策であるという、ジョン・ロールズの「正義論」の方が、より説得的である。

過去の日本でも、高い経済成長の下での雇用需要の高まりが、とくに労働力需給のひっ迫の影響を速やかに受ける低賃金労働に先に反映され、低所得層の所得水準を引き上げることで、所得格差の改善に貢献した時期があった。むしろ低成長期になって賃金所得の伸び悩みが、資本所得との格差を拡大させる要因となっている。

1　経済成長の制約要因

今後の日本の人口減少社会では、財政や金融政策を通じた需要面の景気刺激策よりも、労働や資本等、供給面の効率化による経済成長がより重要となる。長期的な経済成長を支える供給面の要因としては、以下の三つがある。

第一は、労働力の増加とその質の向上である。人口の減少は、その稼働率を引き上げることで部分的に相殺することが可能である。とくに、女性や高齢者の就業率の向上等の人的資源の活用は、所得格差の是正にも貢献する。また、高度な教育・訓練により労働の質を向上させることは、経済成長と賃金所得の引上げの大きな要因となる。さらに日本で働くことを希望する多様な外国人労働の活用も、少子化の影響を相殺するための重要な手段となる。

第二に、長期的な投資の促進である。労働力の減少は省力化投資で補えば良いといわれるが、それと補完的な関係にある既存の資本設備が相対的に過剰となれば、その収益率を引き下げる要因となる。このため労働力の減少を抑制することは、長期的に投資を促進する上でも重要である。また、日本から人口増加率の高いアジア諸国への直接投資の流出を補うために海外からの直接投資を誘引し、拡大する傾向にある直接投資収支の均衡を回復させる必要がある。たとえば東京をニューヨークやロンドン並みの「ビジネスを容易にする都市」とするためには、国内の制度・慣

図表１－１　経済成長の寄与度（%）

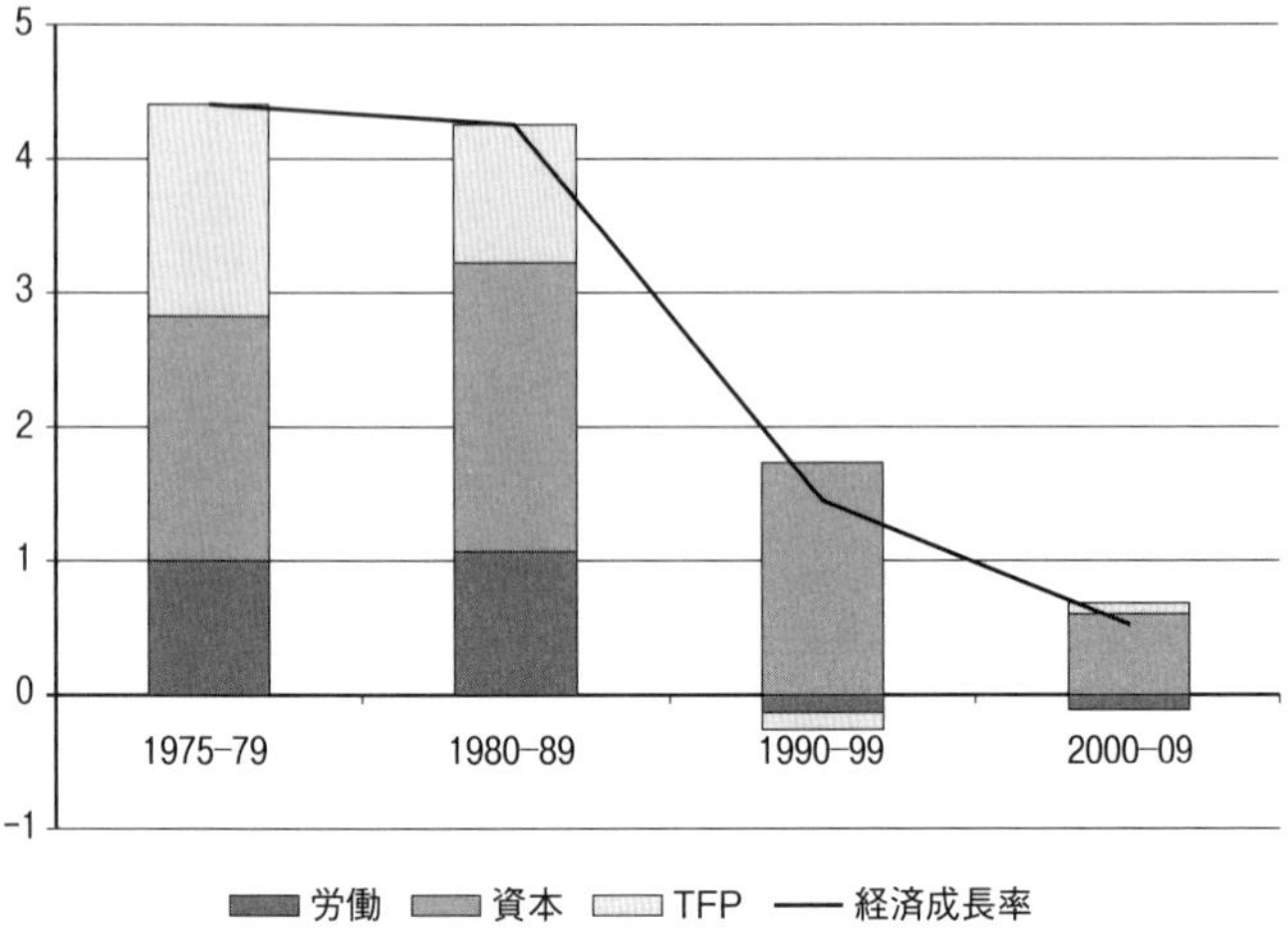

出所）経済産業省「通商白書2013」

行を国際標準に近づけ、高度な技術をもつ外国人にとっても働き易く、住み易い生活環境が前提となる。情報化技術や英語力等、国際社会に通用する汎用的なスキルの向上が日本の労働者に必要とされる。

第三に、貴重な労働力を生産性の低い職種や産業に閉じ込めるのではなく、より生産性の高い分野への移動を促進させる「雇用の流動化」である。減少する人材の適材適所への配置は、個人の賃金水準が高まるだけでなく、経済全体の限られた労働力の配分効率が向上することで、成長率を押し上げる基本的な要因となる。

戦後日本の経済成長の最も大きな要因としては、経済全体の資本や労働力配分の効率化の指標である「全要素生産性（ＴＦＰ）」の高まりがある。これは、とくに１９６０~７０年代の高成長期に、生産性の低い地方の農業分野の過剰な若年労働力が、集団就職等で都市部の製造業やサービス業へと円滑に移動したことが、高い経済成長の源泉となった。今日でも大企業の内部で十分に活用されていない中高年労働者が、そうした人材を求めている中小の新規企業に移動することで、労働力の配分効率が向上し、平均的な生産性を向上させる余地は少なくない（図表１－１）。

労働の配分効率を制約する日本の雇用慣行

高校や大学を卒業したばかりの未熟練労働者を、個々の企業内での頻繁な配置転換を通じた「ＯＪＴ（業務上の訓練）」で、高賃金の熟練労働者に育て上げる日本的雇用慣行は、均質な労働力を必要とする製造業でもっとも成功したシステムと言える。これは工場等の仕事の現場で、現に用いられている技術を学ぶことができる。また、専任の教員を雇用して教育・訓練を行う、外部の学校等の教育機関と比べて、社会で必要な技術とのミスマッチが生じ難い。しかし、企業にとって、新卒者を大量に採用し、企業内訓練を通じて熟練労働者を形成するビジネスモデルは、以下のような複数の前提条件の下で成り立っていたことが重要である。

第一に、他の先進国と比べた日本の高い経済成長が長期的に持続することである。日本の雇用保障は、法律で定められたものではなく、過去の高い経済成長の下での慢性的な労働力不足の時期に、企業が貴重な労働力を抱え込むため自然に発生した雇用慣行である。高い経済成長期には、企業にとっての投資の期待収益率も高い。このため工場や機械設備を新設するだけでなく、長期にわたって従業員の雇用を保障し、その熟練形成のために投資することが合理的となる。また、長期雇用が保障されていることから技術革新で生まれる、企業内の新しい省力化技術の導入に対しても労働組合の抵抗は少ない。さらに個々の労働者が多様な職種を順に経験することで幅広い熟練度を形成するためには、欧米のような職種別ではなく企業別の労働組合の方が効率的である。

第二に、若年人口比率の高いピラミッド型の年齢構成である。企業にとって貴重な熟練労働者を長期的に確保するためには、雇用保障だけでは不十分である。労働者が企業の負担で形成された熟練を持ち逃げすることを防ぐためには、「中途で退職すると不利になる」インセンティブの構築が必要となる。これは特定の企業内の勤続年数に比例して賃金が高まる定期昇給・年功賃金制度と、生涯を通じた「後払い賃金」としての多額の退職金である。こうした年齢に依存した企業内の賃金構造は、賃金水準の低い若年層が多く、高賃金の中高年層が少ない労働力の年齢構造のもとで合理的なものであった。日本の雇用慣行が成立・普及した戦後の日本は、まさにこうした人口の年齢構成が経済成長に有利な「人口ボーナス」の時期であった。

第三に、労使間の利益共有（profit sharing）関係である。勤続年数とともに昇給する賃金体系について、労働者の生計費の上昇に見合った生活給という、日本の伝統的なパターナリズムにもとづく説明はフィクションに過ぎない。戦前の労働市場は、職人を中心とした現在の米国に近い流動的なものであり、長期雇用慣行はごく一部の労働者に固有のものであった（岡崎・奥野1993）。年功賃金は経営者の恩恵よりも、本来、労働者の企業への貢献に応じて受け取るべき賃金が若年期に引き下げられて、その差額を自らの企業に出資することを強制される仕組みでもある。これは中高年期の高賃金でいずれ回収できるが、万一、それまでの間に企業が倒産すれば全てを失う「高リスクの投資」である。これは企業に出資した株式を、市場でいつでも自由に処分できる株主との違いで、より特定の企業へのコミットメントが大きい。もっとも、この企業への出資は、過去の高成長期に企業組織が持続的に膨張した時期には、労働者にとっても定期昇給とベースアップの組み合わせで、長期的に高配当を得られる有利なものであった。

しばしば外国のマスメディア等から、ストライキをしない日本の労働組合を「御用組合」と呼ばれることがあるが、これは単純な誤りである。企業別労働組合の主要な役割は、短期的な賃金引上げよりも、企業に自らの財産を預託する「暗黙の出資者」としての労働者の利益を守る、いわば機関投資家に近い存在であり、自らの財産を損ねるストライキは愚かしい行為となる。また、企業が利益を蓄積し組織が持続的に拡大すれば、労働者にとっても豊富な昇進ポストが開ける。現に日本の大企業の経営者の９割以上は内部昇進の「成功した労働者」であり、株主への利益配分よりも内部留保を蓄えることを優先することは不思議ではない。こうした企業と労働者との間には、長期的な利益配分についての暗黙の合意にもとづく円満な労使関係が生まれる。

この意味で日本の大企業は、資本家（株主）が経営者と労働者を雇い、報酬や賃金を支払った後の収益を独占する教科書的な資本主義企業のイメージからほど遠い。むしろ労働者が企業を作り、市場で資本を調達して最低限度の配当や利子を支払った後の残余財産を内部留保として貯め込み、不況時の雇用保障に備える「労働者管理企業」（小宮 1989）に近いといえる。

第三に、人事部の大きな裁量権を前提とした包括的な雇用契約である。これは欧米企業のように、労働者が特定の業務を一定期間遂行し、それに見合った報酬を得ることを明確に定めた雇用契約ではない。長期的な雇用と年齢や勤続年数に応じた賃金を保障することは、その代償として転勤を伴う企業内のどのような業務も甘受する人事上の大幅な裁量権が必要とされる。企業内の頻繁な配置転換は、労働者が多様な業務を経験するために不可欠であり、とくに地方の事業所で先に昇格し管理職の経験を積むことは、本社での昇進のための貴重な機会を得ることとなる。

また、人事部が主導する慢性的な長時間労働を前提とした働き方も、受注量が大幅に落ち込む不況時に雇用を保障するための手段である。これは平時からの長時間労働を前提にしなければ、不況時に削減する労働時間の余地を十分に確保できず、雇用調整がさけられないためである（第4章参照）。

2 経済環境変化への対応

こうした企業と労働者との間の長期雇用保障・年功賃金の代償として人事部の裁量性の大きさという包括的パッケージの雇用契約は、過去の高い経済成長期によく機能したシステムであった。しかし、その成功体験が大きかったことが、その後の、とくに1990年代初めからの経済社会環境の変化の下で、それに見合った改革が進まず、大きな矛盾を抱えている。

第一に、長期的な経済成長減速の影響である。雇用保障の大きな前提である高い経済成長が１９８０年代末で終わり、９０年代以降は実質１％、名目でゼロ成長が四半世紀に渡って持続している。こうした低い経済成長の下では、工場や機械への投資の収益率は当然低下するが、それは労働者に対する教育訓練投資でも同様である。これまで日本企業が重視してきた、個人の生涯を通じた業務上の訓練（ＯＪＴ）は、今後の低成長期には過剰投資となっている。また、成長率のトレンドが低まる時期には、それだけ以前と比べて好況期が短くなり、不況期が長くなる。これは企業にとって需要と比べて過剰な労働者を抱え込まなければならない期間が長くなり、それだけ正社員を雇用するコストが高まることを意味する。

第二に、汎用的な情報通信技術（ＩＣＴ）や人工頭脳（ＡＩ）の急速な進歩である。製造業だけでなく他の多くの産業分野でこれらを活用した技術革新が急速に進むなかで、従来の特定の企業内での勤続年数の長さで示される企業内訓練の価値が、外部の新技術と比べて相対的に低下し、分野によっては業務自体が失われてしまう可能性がある。この結果、中高年よりもＩＣＴ技術に慣れた若年者の方が、また生え抜きの社員よりも外部の専門的な知識をもつ労働者を活用することの方が、企業にとってより生産性が高い場合も少なくない。

第三に、フルタイムで働く正社員の女性の増加である。戦後、日本の女性の働き方は自営業の親や夫と共同で家族従業者としての働き方や、高校や短期大学卒業後、会社等に勤務するものの、

20歳代後半期には結婚して退職し、家事子育てに専念する働き方が主であった。これらに対して、最近の男性と対等な形で、結婚後も就業を継続するフルタイムの女性の増加は、男性の無限定な働き方を家事子育てに専念する主婦が支えるという、日本の働き方の暗黙の前提を覆すものとなる。このため、日本の働く女性は、フルタイムの仕事をやめて家事・子育てに専念し、その合間にパートタイムで働くか、それとも子供を諦めて男性と同じキャリアパスを選ぶかの二者択一を迫られる。日本の女性管理職比率の低さと少子化の持続的な進行は、実は男女の社会的な役割分担を暗黙の前提とした日本の雇用慣行から派生している大きな問題といえる。

こうした経済成長の減速、技術進歩、女性の社会進出等の大きな変化により、これまでの長期雇用保障と勤続年数に比例した賃金体系、企業別に分断された労働組合という、日本の働き方の三本柱は大きな見直しを迫られている。

非正社員の傾向的増加の意味

現行の日本の働き方の矛盾がもっとも顕著に現れている現象が、雇用者全体に占める非正社員比率の傾向的な上昇である。非正社員とは、正社員のような長期雇用保障と年功賃金ではなく、一定の雇用期間と賃金とがあらかじめ定められた有期の雇用契約にもとづく働き方である。ここで契約期間中の雇用は保障されるが、期間終了後には契約更新が保証されない。また、「雇止め」となり、正社員の代わりに雇用調整の負担をもっぱら担う役割を果たしている。

景気変動にともなう受注量の変動はとくに製造業で顕著であり、生産活動が落ち込んだ場合には、それに見合った雇用調整は避けられない。欧米の企業では、予め労使間で合意した、最近に雇われたものから順に解雇する「先任権ルール」にもとづき、不況期に過剰となった労働者を一定の補償金を支払うことで解雇する。その一方で、これらの労働者を景気回復後には優先的に再雇用する一時帰休（レイオフ）の制度がある。これに対して日本の企業では、正社員の雇用を守るために、労働時間の調整に加えて、非正社員の契約更新を打ち切ることで、景気変動の調整弁とする等の手段で対応してきた。

この欧米と日本の企業における不況時の雇用調整の手段は対照的である。欧米では、一時帰休の対象となる労働者と、それによって雇用が守られる残りの労働者との比率は、景気変動の規模にともない必要となる雇用調整の規模で変わる。これに対して日本では、雇用が守られる正社員とそうでない非正社員とは非連続的な関係であり、両者の間には明確な身分格差が存在することが大きな違いである。過去の高い成長期の短い不況期であれば、景気変動の緩衝弁になった臨時工等の非正社員は少数で済んだ。これが１９９０年代以降の経済成長減速で不況期間が長期化することから、いっそう多くの非正社員が必要となり、所得格差の拡大等の大きな社会問題となっている。

しばしば、企業の利益志向の強まりが、賃金の安い非正社員を増やした要因と言われる。しかし、戦後の経済発展の過程で、日本の企業は、低賃金・低生産性の非正社員よりも、企業内訓練

図表1－2　正社員・非正社員・失業者の推移

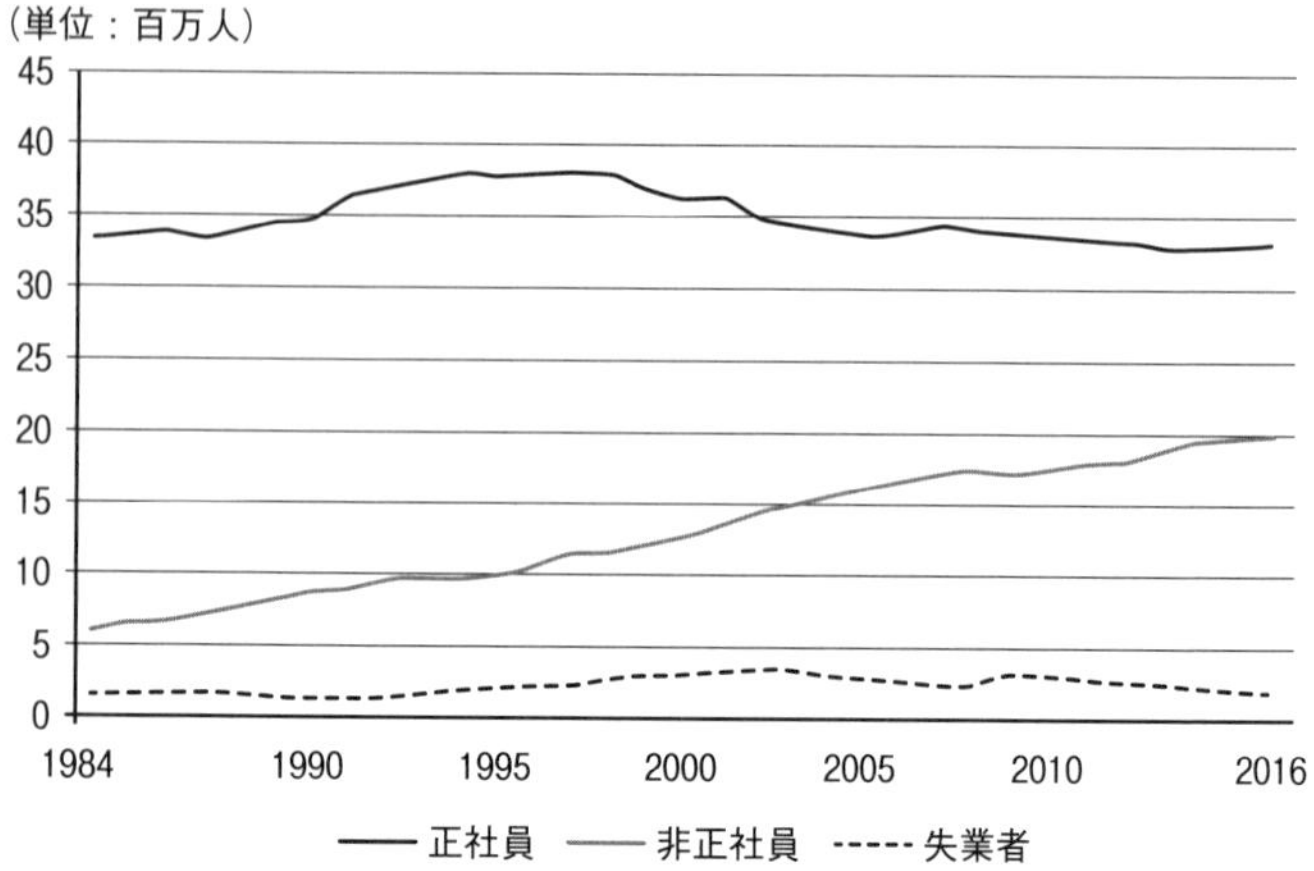

出所）総務省「労働力調査」

を通じて高賃金・高生産性の正社員をより活用してきた。それが維持できなくなったのは、経済成長の大幅な減速の下で、長期雇用を保障する義務を負う正社員を増やせなくなったためである。このため、正社員の新規雇用を最小限度にとどめ、もっぱら景気減速局面で弾力的な雇用調整が可能な非正社員をより多く活用せざるを得なかった（図表1－2）。

　この結果、非正社員が持続的に増加したが、これに対して派遣等、非正社員の働き方を規制しても、企業は代わりに正社員を増やせるわけではない。むしろ省力化投資の増加や海外への工場移転等を促進することで国内の雇用機会が減少し、正社員よりも失業者が増える可能性の方が大きい。また、派遣労働等への規制を強化すれば、企業はパートタイム等、他の規制の少ない非正社員への代替を進めるだけである。

図表１−３　非正規社員の増加とその内訳

（単位：百万人）

	2016	2005	増加数
非正規社員	19.9	16.6	3.3
パートタイム	13.7	11.2	2.5
派遣社員	4.1	2.8	1.3
契約社員	1.3	1.2	0.1
その他	0.8	1.4	−0.5

出所）労働力調査

非正社員が増えるもう一つの要因は労働者の高齢化である。非正社員の働き方は多種多様で、もっとも比率が高く、かつ増加数も多いのがパートタイム社員である。これに次ぐ高い比率が契約社員・嘱託であり、この内、定年退職後に再雇用される高齢者の比率が高まっている。すでに戦後のベビーブーム世代は60歳台に到達しており、この定年退職後の契約社員は、今後、持続的に増加する。これらの影響から非正社員の比率は２０１６年の37％からさらに持続的に高まることは避けられない（**図表１−３**）。

政府の働き方改革等では、非正社員は雇用が不安定で賃金が低い「悪い働き方」であり、速やかに雇用条件の良い正社員に転換することで、格差をなくすことが唱えられている。しかし、過去の高い経済成長を前提とした正社員の働き方を変えないことを前提として、非正社員の働き方を正社員に近づけることはほとんど不可能である。それは不況期に非正社員が景気変動の緩衝弁となることで、正社員の雇用を安定化しているためである。正社員と非正社員との格差是正は、経済社会の変化に対応した形へと正社員の働き方を改革することなくしては実現できない。

労働者の高齢化と定年退職制度

先の図表1－3で見たように、非正社員増加の大きな要因として定年退職後に契約社員としての再雇用者がある。これは定年退職者に雇用保障を求めることは、それ自体が矛盾しているために避けられない。ここに日本的雇用慣行の大きな矛盾が見られる。

第一に、欧米では専門職の間でも一般的に普及している有期雇用契約を、一概に「不安定な働き方の非正社員」と見なすことは誤りである。本来、特定の職種の仕事に就き、その対価としての報酬を受け取る働き方は、労使双方が納得している限り安定的であり、契約更新が容認される場合が一般的である。また、万一、経営上の必要等で、それができなかった場合にも、今後の人口減少で労働力不足社会では、職種別労働市場が発展し、流動性の高い職種ほど、他の企業への移動は容易である。

年齢別の失業率を国際的に比較すると、若年層で高いことは各国でも共通しているが、60歳台でも高いのは日本の特徴である。これはとくに大企業では普遍的な定年退職制によるもので、特定の職種についての明確な仕事能力を欠き、かつ市場賃金を上回る年功賃金であることが求人側とのミスマッチの大きな要因となる。今後、急速な高齢化が進む中で、従来の高齢者を大事にする雇用慣行が、逆に60歳台での再就職を困難にさせるという皮肉な結果を生んでいる。特に高齢の労働者が増える今後の社会では「年齢に拘らない働き方」への転換が急務となる（第5章）。

3　人手不足でなぜ賃金が上昇しないか

２０１６年以降、求人倍率が過去のバブル期並みの高水準に到達し、人手不足が顕著となっているにもかかわらず、それが賃金の増加をもたらさず、長期間のデフレ脱出に結び付かないという現象がみられた。この背景には、労働力需給がひっ迫している建設労務等の職種で賃金が増える一方で、賃金水準がとくに高い中高年層ホワイトカラー層については企業に余剰感が大きく、その結果、年功賃金カーブの是正が全体の賃金上昇率を抑制していることによる面が大きいとみられる（玄田 2017）。

日本の月額給与水準は１９９７年をピークに下落を続けており、２０１６年では失業率の大幅な低下にもかかわらず14％減となっている。この20年弱にわたる賃金の長期低迷は何にもとづくものであろうか。これまで政府は需要不足が主因として、もっぱら金融・財政面からの刺激策を取ってきた。その効果もあって２０１０年以降、失業率は持続的に低下したものの、それは賃金上昇にはほとんど影響しなかった。これは労働需給のひっ迫による賃金上昇圧力を相殺するミクロ的な要因が働いているためとみられる（**図表１‐４**）。

これを過去10年間（２００６～１６年）の年齢別賃金の動向で見ると35～49歳層で大きく低下していることが分かる。これには相対的に勤続年数の短い女性の中高年層の増加も影響している

図表1－4　現金給与（月額、30人以上）と失業率（%）

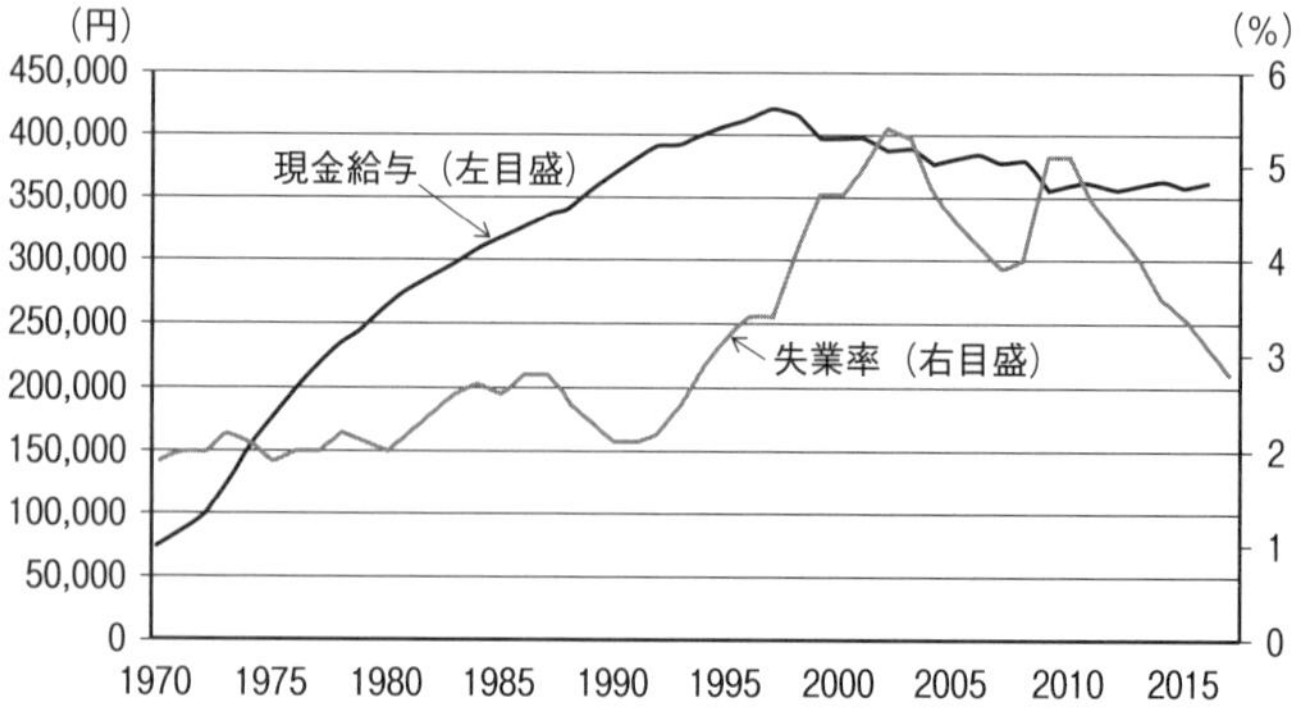

出所）厚労省「毎月勤労統計調査」、総務省「労働力調査」

図表1－5　男性年功賃金カーブのフラット化

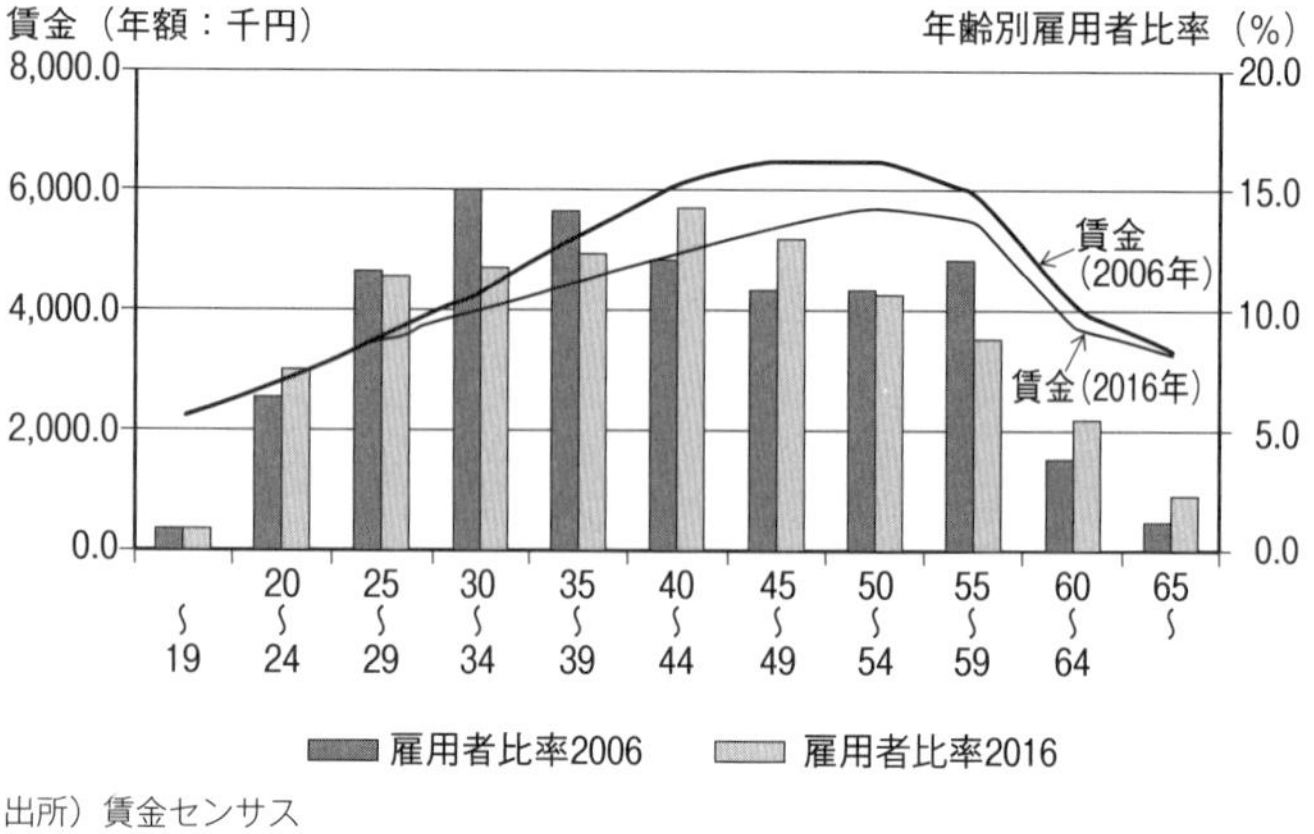

出所）賃金センサス

ことから、男性だけに限定すると、より賃金水準の高い40～54歳層の労働人口が増え、年齢賃金カーブが大きく低下していることが分かる。この人口の年齢構成の変化に伴う年功賃金の是正圧力が、労働需給のひっ迫にもかかわらず、賃金全体の押し上げ圧力を相殺する要因となっている（図表1－5）。

社会保険制度の賃金決定に及ぼす影響

「人手不足でなぜ賃金が上がらないか」という疑問について、「賃金」の定義を明確にする必要がある。労働力の対価として労働者が受け取る給与と、企業が負担する賃金コストの間には、主として社会保険料の事業主負担という楔（wedge）が打ち込まれている。公的年金や高齢者医療の費用は、個々の労働者が自らの老後に備えて貯蓄するよりも、社会全体の保険制度として対応する方がはるかに合理的である。ここで歴史的な経緯から、本来は労働者が企業から受け取った賃金の一部を社会保険料として政府に支払う代わりに、その社会保険料の半分を、企業が先取りして政府に支払う仕組みが設けられている。企業が労働者を雇用する際のコストとして認識するのは、賃金ではなく社会保険料の事業主負担も含めた賃金コストである。これを含めた広義の賃金の概念である雇用者報酬（employees compensation）のベースでみると、社会保険料の持続的な上昇を反映して、過去10年間で17％増と着実な上昇が生じている。

社会保険制度の労働市場への影響は、その給付面でも大きな影響を及ぼしている。最近の産業別にみた雇用の動向では、労働集約的な医療・介護サービスが過去10年間で40%近く増えており、雇用者全体の14%を占めていることが注目される。一般には、雇用需要が増えれば、それに比例して賃金が上昇するが、この分野では逆に8%の低下となっている。この主たる要因は、医療・介護保険財政の悪化で公的保険からの償還価格（給付単価）が、政策的に切り下げられているためである。保険財政を健全に維持するためには、保険料と給付の均衡が不可欠で給付の抑制はやむを得ない面がある。しかし、現行の介護保険では、保険で定められたサービスの給付単価がそのまま市場でのサービス単価と等しくなければならないという行政指導がまかり通っている。このためにより、介護報酬が減らされると、それを原資とした賃金単価も抑制されざるを得ないことに大きな問題がある。

仮に介護保険の給付単価が下げられても、それとは別に高齢者人口の傾向的な増加から介護サービスの需要が増え、市場価格が上昇すれば賃金も増やすことができる。この保険給付に上乗せされ、利用者が任意で購入する保険外給付を事業者が自由に設計できれば、保険財政の改善と労働者の賃金増加を両立させることができる。この介護保険給付と保険外給付の「混合介護」が幅広く容認されれば、社会保険制度の硬直的な運営がサービス市場への政府の介入を通じて、その労働市場への賃金決定に歪みをもたらしている現状を改善することができる（八代 2013）。

労働市場のマクロとミクロの視点

アベノミクスの成長戦略の大きな柱は、労働市場改革等の供給面の生産性向上策である。もっとも労働市場の制度改革は、経済成長に対して、短期的にはマイナスの効果もあり得る。例えば、残業労働時間の削減は残業割増賃金の抑制を、また年功賃金カーブのフラット化は、もっとも賃金水準の高い年齢層の所得を減少させる。しかし、すでに2010年頃をピークに減少に向かっている日本の人口動向の下では、需要の不足よりも供給制約の方が、持続的な経済成長にとっての大きなハードルとなる。この意味で、長時間労働の是正や同一労働同一賃金に近づける改革は、労働生産性向上・雇用の流動化や女性の就業率引上げ等を通じて、中長期的には賃金や雇用の増加をもたらすものといえる。

こうした供給面の効率化を通じて経済成長を促進するためには、どのような労働市場改革が必要とされるのか。働き方の改善は本来、労使間の協議で進められるものだが、なぜ政府の介入が必要なのだろうか。これは現行の雇用慣行は過去の高成長と若年者中心の人口構造の下で大きな成果を上げたが、今日の成長減速と高齢化で様々な不都合が生じている。過去の成功体験にとらわれた労使に委ねれば、必要な改革が進まない。この背中を押すことが政府の成長戦略としての働き方改革だ。これについて、以下の各章で議論する。

第2章　解雇の金銭解決ルールはなぜ必要か

諸外国の働き方改革の大きな柱のひとつとして解雇の金銭解決ルールの制定があるが、日本ではこれまで官邸主導の労働市場改革に関する審議会等では本格的な議論はなされなかった。他方、この問題に関して、2017年5月に厚生労働省に設置された「透明かつ公正な労働紛争解決システム等の在り方に関する検討会」が公表した報告書で、その主要な論点が整理されている。

日本の解雇規制に関しては多くの誤解がみられる。まず、現行法について「解雇規制が厳しすぎるために規制緩和が必要」という意見は妥当ではない。むしろ解雇に関して、労働法による明確な規制を欠くことに大きな問題点がある。これが解雇をめぐる個別労働紛争が多発化するなかで、結果的に裁判官により判断が大きく分かれる、不透明性の大きな判例法に全面的に依存せざるを得ない。これは企業が正社員の新規雇用に抑制的となる大きな要因になる。

他方で、法律にもとづく解雇の金銭解決ルールを導入すると「カネさえ払えば自由に解雇される」という批判が多いが、これも誤りである。これは現行では、裁判でしか十分な救済を受けられないことから「十分な金銭補償もなしに解雇」されている中小企業の労働者の現状から目を背けるものといえる。また、民事裁判と代替的な労働委員会あっせんや労働審判等においては、すでに解雇の金銭解決が主流であるが、ここでは労働側からさえも「カネさえ払えば」という批判はまったくないこととも整合的でない。

現行の雇用保障の慣行は、元々、法律で強制されたのではなく、戦後の高い経済成長期に、熟練労働者の確保という企業の必要性にもとづき成立したものである。それが経済社会環境の変化に対応して、企業と労働者の双方の必要性にもとづき、明確な解雇の金銭解決ルール制定の必要性が生じている。これを「企業の得、労働者の損」という伝統的な労使対立の論理で考えることは、労働者全体の利益にも反するものといえる。

日本の労働法は、欧米諸国の制度に倣っているが、これと企業別に組織された日本の労働市場の現状との間に大きなギャップがある。欧米の職種別労働市場では労使の間には社会階級の差に対応した利害対立がある。これに対して企業別労働市場では、労使は長期的な利益共同体であり、集団的な労使紛争は少ない。その代わりに、とくに大企業や公的部門内で保護された労働者と、小企業や非正社員等、通常の労働市場の競争に晒された労働者との間には大きな壁が存在する。しかし、労使間の利害対立を暗黙の前提とした通常の論理では、日本の正社員対非正社員という「労労対立」の問題には対応できない。

日本の雇用慣行は、長期的な雇用保障と年功賃金の組み合わせで労働者の生活を安定させ、企業の利益が長期的に労働者に還元される労使の円満な関係を通じて、日本経済の発展に大きな貢献を果たした。しかし、その過去の成功体験自体が経済社会環境の変化に対応した労働市場改革を阻む大きな要因となっている。今後、グローバル経済化、少子高齢化、情報通信技術の発展、等の大きな環境変化が進む社会では、特定の企業内だけでの雇用保障を重視し、それだけが「正しい働き方」であるという論理は妥当ではない。また、有期雇用や間接雇用等の「正しくない働き方」の拡大を防ぐために、派遣労働への規制や無期雇用への転換を強いる規制強化は、日本の雇用慣行の保護主義であり、むしろ企業の健全な発展の妨げとなる。

現在必要とされている規制は、働き方の違いにかかわらない共通なルールを作ることである。特定の企業だけに依存した雇用保障は過去の高成長期の産物であり、低成長期には労働者にとってもリスクの高いものとなっている。企業倒産や整理解雇の可能性が高まっているなかで、雇用契約の終了時に企業が労働者にどのように補償するかの「手続き上の基準」を法律で明確に定めておくことは、労使双方にとっての共通した利益と言える。

1 日本の雇用契約の特殊性

日本の特に大企業の雇用慣行は、新卒の未熟練労働者をあえて採用し、企業内の労働市場で長い時間をかけて熟練労働者に育て上げることが基本となっている。その間、労働者は使用者の言うままにどのような業務も行う無限定の働き方を行うことの代償として雇用を保障されるというパッケージの契約が暗黙の内に存在している（第1章）。この新卒一括採用を前提とした働き方では、仮に雇用者の仕事能力が不十分であったとしても、その責任の一部は長期的な訓練を適切に行わなかった使用者側にもあるという論理がなりたつ。これは労働者が自らの責任で形成した仕事能力が、企業の定めた一定の水準を満たさなければ雇用契約を解消しても良いという欧米の職種別労働市場の常識とは大きく異なっている。

すでにみたように日本の大企業では、雇用保障の代償として広範な人事権を前提とした業務命令が労働者に受け入れられている。この無限定な働き方は裁判上も尊重されており、家族の事情等から頻繁な配置転換や転勤命令に従えない社員の解雇が裁判所で有効と判断される事例もある。これは同時に企業の広範な人事権に従ってさえいれば、懲戒事由に相当する場合以外で、単なる「仕事能力の不足」程度で解雇することは、社会的に妥当ではないという裁判官の判断とも整合的である。

また、雇用の流動性が低い日本の労働市場では、解雇された労働者の転職先が容易に見つからず、失業するリスクが高いことも、解雇無効判決を導き易い一つの根拠となっている。そもそも企業内での熟練形成を重視する日本企業の働き方では、そこで得られた受勲を労働者が持ち逃げすることを防ぐために、様々な「中途でやめると損をする」メカニズムが確立している。こうしたインセンティブ構造は、逆に企業の意思で正社員に辞めてもらうためにはそれだけ大きな代償が必要なことになる。このため裁判官は、極力、解雇以外の対策を考慮することになる。

解雇の有効性を判断する基準は、経済成長の減速等、経済社会の変化に対応する必要があるが、過去の判例の蓄積に依存する判例法では、最高裁の判例を覆すことは困難である。それ故に、個別紛争の事例について、裁判官の具体的な判断の根拠となる法律の整備が必要となる所以である。

すでに第1章で見たように、雇用保障を代償とした無限定な働き方は、家族の働き手が一人しかいない専業主婦世帯の特徴である。ここでは世帯主の失業は家族全体の唯一の収入源を失うことから雇用保障に最重点が置かれ、その代わりに長時間労働や転勤にも家族として対応する。しかし、この専業主婦世帯数は傾向的に低下しており、とくに若年層では少数派に転じている。これに対して夫婦がともに働く家族数は雇用者世帯の3分の2を占めるまで傾向的に増えている。この共働き世帯では、仕事と家事・子育て両立の必要性から、長時間労働や転勤が大きな制約となる半面、夫婦のいずれかが失業しても他方が支えることがある程度まで可能である。こうした家族の働き方の変化を考慮すれば、雇用保障を最優先する代わりに、それ以外の犠牲は厭わないという過去の大企業を中心とした働き方を暗黙の前提とした判例法を見直す必要がある。多様な働き方を前提とした解雇に関するルールを明確化することが求められている。

2　日本の解雇規制の現状

現在の労働法での解雇に関する規制は、以下の三つのタイプに大別される。これは、第一に労働基準法で定められた使用者の30日間の解雇予告期間やそれに見合った解雇手当の義務付け、第二に、個別法で定められた組合活動や育児休業中の労働者等を守るためにその差別的な解雇の禁止、第三に、使用者がもつ解雇権を濫用することの禁止等である。これらの内、最初の二つの基準は、欧米の労働規制と共通した内容であるが、三番目の使用者の「解雇権濫用」の基準は必ずしも明確ではない。これは過去の高成長時代の日本の大企業の雇用慣行に倣ったもので、正社員を解雇するために必要な条件を定めた、いわば「業界ルール」である。これが現行の少子高齢化・低成長時代の労働市場の実態に必ずしも対応していないことと、紛争解決の手段としての金銭補償の基準を欠いていることに大きな問題がある。

第一の解雇予告・手当の義務付けは、民法の契約解消の一般ルールを雇用契約に適用したものである。労働基準法では労働者保護の観点から、民法の2週間前の雇用契約解除予告義務を30日に延長している。このため解雇予告なしの場合には、それに見合った30日分の賃金を使用者は解雇手当として支払う義務がある。これはすべての労働者に共通の最低基準であるが、欧州では過去の勤続年数に応じて解雇予告期間や手当を増やす措置の国もある。現実には日本でも、法律の規定にかかわらず、多くの企業が勤続年数に比例した退職金という名目で多額の解雇手当を支払っている場合が多い。

第二の差別的な解雇の禁止は、労働者保護のための個々の労働法の趣旨に沿って設けられている。労働基準法では、国籍や信条等の差を理由とした解雇を禁じている。また業務上災害の療養期間や産前産後の休業期間中の労働者の解雇を認めれば、それらの制度の意味がなくなるために禁止している。これは適法な組合運動や性別を理由とした労働組合法や男女雇用機会均等法上の解雇の禁止規定についても同様である。

第三に、正当事由を欠く解雇の禁止がある。上記の二つの規定は、特別法に定められた場合を除き、解雇予告・解雇手当の手続きを踏めば、日本の使用者はいつでも労働者を解雇できるという「原則として解雇自由」の世界にいることを意味する。しかし、そうした法律上の規定は、現実に多くの企業が正社員には長期雇用保障を約束する慣行と整合的ではない。このため不況期に解雇される労働者が増えた1970年代に、裁判所が生み出した判例法の集大成が、「解雇権濫用法理」である。これは「解雇は、客観的に合理的な理由を欠き、社会通念上相当であると認められない場合は、その権利を濫用したものとして、無効とする」というものである。それが2008年施行の労働契約法（16条）にそのままの形で条文化された。

ここでは使用者には解雇権があるが、それを濫用してはならないという民法の一般ルールの原則を述べただけである。本来は、こうした総論に続いて、何が解雇の「客観的・合理的な理由」であるか、または「社会通念上相当」な解雇に当たるかという具体的な基準を示した各論がなければ、およそ紛争解決の手段として実効性に乏しい。しかし、そうした具体的な基準の作成についての労使の合意が得られなかったことから、総論部分のみの解雇法制となり、その具体的な解釈は相変わらず裁判官の心証に依存する状況が続いている。

ここで解雇権濫用法理の前半の「客観的に合理的な理由」とは、対象となる労働者の行為が、就業規則で定めた職場規律や勤務成績等、解雇の要件を満たすことと解釈されている(1)。また、後半の「社会通念上相当と認められないもの」とは、例えば雇用者の仕事能力の不足を理由とした解雇をめぐる紛争について、裁判官は直ちに解雇するのではなく、本人への警告や是正を促す措置、あるいは他のポストへの配置転換の有無をチェックする。また、役職の降格や給与の減額など解雇以外の措置を使用者に求める場合も多い。

なお裁判では、解雇権を濫用していないことの立証責任はすべて使用者側にある。ここで使用者側は、勤務状況等のデータで解雇の客観的な理由を示すことはある程度まで可能である。しかし、裁判官がどのような場合にある解雇が「社会通念上相当」と考えるかの心証について、使用者が対応できる余地は少ない。例えば、アルコール中毒の重役が業務を適正に果たせず会社に多大な損害を与えたために解雇したことを不満とする訴訟に関して、地裁・高裁の裁判官は、社員のアル中を更生させなかった社長の責任を考慮して、解雇は社会的相当性を欠くとした。このため解雇ではなく本人の役職の降格にとどめるべきとして解雇無効判決を言い渡した。この事例は、最高裁で企業側が逆転勝訴した(2)。解雇の有効性の判断の基準が裁判官の心証任せとなっていることが、労働者間の公平性を欠くだけでなく、当事者にとって判決の予測可能性を低める大きな要因となっている。このように解雇された労働者にとって、大企業の労働組合等に支援されれば長期間の法廷闘争で、解雇無効の判決を勝ち取れる可能性は大きいが、そうした余裕のない中小企業の労働者にとっては現行の裁判制度は必ずしも有効ではない。結果的に、後述の行政的な手段や労働審判制度を活用する場合が多いが、そこで得られる補償金の額には大きな差がある。

♣コラム　事前型と事後型の金銭解決の違い

「事前型」の解雇の金銭補償とは、解雇権濫用法理の四要件である、①解雇の必要性、②解雇回避義務、③被解雇者の公平な選択、④労働組合等との交渉、等の内に、「十分な金銭補償を行えば解雇権の濫用ではない」という要件を含めることである。これに対して、「カネさえ払えば解雇して良いと法律で定めた国はない（したがって、日本もそうすべきではない）」という論理があるが、これは、誤解を生みやすい。まず、米国や英国では、そもそも国は解雇等の個別労使紛争には介入しないため、金銭補償についての規定がないのは当然である。但し、人種・宗教・性別等の「差別」による解雇には、人権問題として断固介入する。また、法律はなくとも、企業は労働組合との事前協定で、一時帰休の条件として金銭補償を行うことが一般的であり、事実上、政府もこれを容認している。

他方で、「事後型」の金銭解決とは、解雇無効判決を前提とした金銭補償である。この金銭補償について「カネさえ払えば解雇できる」との批判があるが、それは補償金の水準次第であり、現に十分な補償もなしに解雇されている中小企業労働者の厳しい現状を無視したものといえる。逆に、現行でも裁判で解雇無効判決を得れば、青天井の補償金を得られる可能性のある大企業の労働者にとっては、その上限を設定されることは著しく不利となることは言うまでもない。この解雇の金銭解決の是非は、現状と比べて補償金の水準が増える労働者と減る可能性のある労働者の間の利害対立でもある。

3　解雇の紛争解決の手段

労働斡旋と労働審判制度

日本で民事裁判に金銭補償による解決のためのルールを策定することに対して、「カネさえ払えば解雇できるようになる」との批判が多い。しかし、民事裁判以外の解雇紛争解決手段である労働委員会等による斡旋や労働審判制度では、むしろ金銭補償による解決が主流となっている。これらの個別紛争処理機関の概要は以下の通りである（図表2-1）。

この内、労働委員会等による斡旋は平均2カ月以内で終了し、費用が無料で弁護士も不要という利点の半面、使用者に参加することへの強制力を欠くことから解雇の補償金は極めて低い水準にとどまる。この点で労働審判は裁判制度の一部であり使用者への強制力を持つと同時に、裁判期間も限定されていることから平均6カ月と労働者の負担が比較的軽い。また、労働者の場合には、平均して斡旋よりも多くの補償金が得られる。

しかし、この労働審判での補償金等に不満があれば、いつでも平均14カ月と倍以上の審理期間を要する民事裁判に訴えられる選択肢が残されており、交渉の引き延ばしが可能な当事者にとって有利な結果となる。これは訴訟当事者の労働者の内、非正社員の占める比率が労働委員会斡旋では50％強に対して労働審判では25％、民事訴訟では20％と、審理期間の長さに比例して低下し

図表2－1　個別紛争処理の機関

都道府県労働委員会のあっせん	労働審判手続	民事訴訟
・手続きが裁判に比べ、迅速かつ簡便。費用は無料。 ・手続きは非公開・労働問題の専門家で経験の三者構成のあっせん員（学識経験者、労働組合役員等、会社経営者等） ・紛争当事者間で合意したあっせん案は、民法上の和解契約の効力	・労使の専門家である労働審判員2名 ・呼出しに応じない当事者には罰則が適用 ・原則3回以内の期日で審理 ・調停での合意は裁判上の和解と同一の効力 ・労働審判の結果に当事者から異議の申立てがなければ裁判上の和解と同一の効力	・裁判官による法廷での公開の手続。 ・厳格な手続による紛争解決の最終手段。主張や証拠に基づき判断される。 ・判決による解決のほか、和解も試みられる。

出所）厚生労働省「労働紛争解決システムの概要と現状」2015年

図表2－2　解雇事案についての解決金の金額（給与月数）

	労働局斡旋	労働審判	民事和解裁判
平均値	1.8	6.5	9.2
第1四分位数	0.7	2.8	3
中央値	1.4	4.8	6.7
第3四分位数	2.9	7.5	11.5

出所）JILPT 報告書（2015）

ていることでも示唆されている。

しばしば、解雇の金銭解決の手段として、専門の裁判官も関与する労働審判制度が良く機能していることから、あえて民事裁判にまで金銭解決を導入する必要はないという意見がある。しかし、民事訴訟での和解で得られる補償金は、その平均水準が高いだけでなく、分布も大きいことが特徴的である。これは労働者にとって、裁判で得られる補償金水準のオプション価値が大きいことを示している。例えば、**図表2－2**では、民事裁判に訴え解雇無効判決を勝ち取った後の和解で得られる補償金の水準は、もっとも事例の多い中央値と比べて上位25％の場合にはその7割増しとなっている。これは他の代替的な紛争処理手段と比べてもはるかに大きく、裁判にかかる費用と時間に拘らない労働者の場合には「ダメもとで訴える」ことが合理的な選択となる。むしろ民事裁判での解雇補償金の水準が、労働審判と大差ないように、両者の調整がなされれば、あえて民事裁判に訴えることのメリットは小さくなり、効率的な紛争解決手段としての労働審判が、より活用され易くなる。

4　解雇無効時の取り扱い

解雇無効時の選択肢

現行の民事裁判では、長い時間をかけて解雇無効の判決を得た労働者にとって職場復帰の選択肢しかなく、それを望まない場合には結果的に無効判決を受けた後の使用者との和解の場で金銭解決が図られる。この、元々、望まない職場復帰の訴えをあえて行うことには、当初から金銭補償を請求する手段が労働者側にほとんどないためである（鶴 2016）。もっとも、使用者側にパワハラ等の違法行為が明確であった場合には、当初から損害賠償請求を行う道もあるが、この場合には労働者側の立証責任の負担が大きいことから少数にとどまっている。

現行の仕組みには労働者内の公平性と効率性の観点から二つの問題点がある。第一に、民事訴訟に訴えられる労働者と、そうでない労働者との間での解雇補償金の格差の大きさである。民事裁判に訴えられなければ、最悪の場合、労働基準法に定められた30日分の賃金だけになる可能性もある。第二に、裁判に訴えて解雇無効判決を勝ち取った労働者の間でも、具体的な補償金についてのガイドラインや、解雇無効の程度を理解した裁判官なしで和解交渉に臨まなければならない場合もある。このため労働者側が和解交渉に時間をかけられる度合いや企業の補償金支払い能力の高さ次第で、やはり補償金の水準は大きく変わることになる。

むしろ解雇無効判決と同時に、使用者と労働者の責任の度合いについての裁判官の判断で補償金の金額自体も決めるドイツ式の方式が望ましい面も多い。仮に補償金の標準的な水準や上限と下限を、例えば月額賃金の形でドイツ（12～18カ月）やイタリア（15～27カ月）のように明確に定めておけば、裁判官はその範囲内で使用者側と労働者側の責任度合いを考慮した補償金の提示が可能となる。

金銭補償を使用者側が申し立てることの是非

ドイツやイタリア等では、労使紛争で解雇無効の判決となっても、労使の信頼関係が失われている場合には、企業側が一定額の金銭賠償をすれば雇用契約が解消されるという規定がある。しかし、日本では解雇の金銭解決の手段を導入するとしても、それは労働者側からのみ申し立てられる仕組みに限定し、使用者側の申し立ては認めない非対称的な規制とすべきという論理がある。これは、労働者の働き方に関する人事部の裁量性が大きな日本では、労働者の特定の業務についての就労請求権はなく、仮に不本意な業務を命じられても従わざるを得ないためである。

他方で、使用者側からの申し立てを認めないことは、そもそも解雇が無効という判決にもかかわらず、それを結果的に「カネさえ払えば解雇できる」ことは理不尽という論理である。もっとも、法律上の規定はなくとも、裁判の途中や解雇無効の判決後に、金銭補償で和解する場合が少なくないが、これは労働者の合意にもとづくため、結果的に労働者申し立てと同じという。

これに対して、使用者側の申し立てを認めない場合、労働者側だけが二つの選択肢をもつことになる。これは、①解雇補償金の上限の範囲内で金銭補償の申し立てを行うか、②その意志がなくとも従来通りに職場復帰を申し立て、その判決を勝ち取った後に和解交渉で、法律で定められた上限を超える補償金を得る、というものである。このように、使用者申し立ての金銭補償を禁止することは、解雇補償金の上限を事実上取り去ることに近い意味をもっている。

この場合、使用者側がどうしても労働者の職場復帰を受け入れられない場合には、定年退職時までの給与総額が事実上の解雇補償金の上限となる。これは企業の補償金支払い能力次第で労働者の受け取れる補償金の額が大きく変動することで、とくに大企業の労働者にとって極めて有利な結果になり易い。例えば裁判での解決金として1億円を超える事例もあった(3)。

5　解雇の金銭補償ルールをめぐる政治的対立

自由な取引を原則とする市場経済では雇用契約についても同様であり、例外的に規制する場合には、その内容が「客観的・合理的」なものでなければならない。労働基準法で規制されている最低賃金や労働時間の上限については明確なルールが定められ、その違反は罰則をもって担保される。これに対して使用者と労働者との間の個別紛争の防止やその解決を図るための労働契約法では、肝心の雇用契約を解除する際の具体的な規定が明確にされなかった。

およそ民事契約において「解除してはならない契約」というものはありえない。当事者の一方が他方との合意にもとづかず契約を解除した際に、それが有効か無効か、仮に無効であれば他方に与えた損害をどのように補償するかというルールを定めることが、2008年に施行された労働契約法の基本となった筈だ。それにもかかわらず、大きな柱である解雇の金銭補償が盛り込まれなかったことは、解雇の妥当性の判断を、事実上、裁判官に丸投げする現状の法制度から利益を得る集団が、徹底的に反対したためである。裁判に長い時間をかけられる大企業の労働組合にとっては、解雇無効の判決を勝ち取った後、会社側との和解交渉で得られる金銭補償の額に法律で上限を設けられたくない。他方で、裁判ではない労働委員会のあっせんでは、平均20万円弱の解雇補償金[4]で済ましている中小企業の経営者にとっては、法律で下限を設けられるとコスト増になる。この大企業の労働組合と中小企業の経営者との「奇妙な利益の一致」から、裁判に訴えることが困難な多くの中小企業の労働者にとって大きな利益となる、真の労働契約法が実現されなかった。こうした伝統的な「労使対立」ではなく、労働者と労働者との利益が対立する「労労対立」の問題が、日本の労働市場改革を困難にしている根本原因と言える。

２０１７年春に厚生労働省の検討会で、労働組合や経営者の代表と学者等の意見をまとめた報告書が作成された。ここでは法学者の間でも、金銭解決への支持がみられた。これが労働政策審議会の審議を経て、いずれ労働契約法の改正に結びつく予定となっている。

注

(1) 菅野・荒木編（2017）

(2) 最高裁では解雇が有効とされた小野リース事件（最三小判平成22年5月25日）では、企業が勤務態度が悪い統括事業部長兼務取締役の地位にある労働者を解雇したことについて、勤務態度が他の労働者や取引先から苦情が出るほど悪く、これが飲酒癖に起因するものであるため、上裁判所は当該解雇を適法とした事案。

(3) 産業競争力会議雇用人材分科会への厚生労働省提出資料（２０１４年４月９日）

http://www.kantei.go.jp/jp/singi/keizaisaisei/bunka/koyou/dai9/siryou1-1.pdf
（4）労働政策研究・研修機構編『日本の雇用終了』

第3章　竜頭蛇尾の同一労働同一賃金改革

安倍総理は２０１６年1月22日の施政方針演説で、正社員と非正社員の均衡待遇のための「同一労働同一賃金」の実現をはじめて公約として示した。しかし、当初の「非正社員という言葉をなくす」という高い理想ではじまった改革は、結果的に正社員の基本給を決める年功賃金自体には触れず、諸手当等、周辺部分の改正という矮小な形にとどまってしまった。これは正社員と非正社員との賃金格差の主な要因が、年齢とともに高まる正社員の賃金体系にあることをあえて無視したことの当然の結果である。

元々、同じ仕事をすれば同じ賃金というのは、労働市場が効率的に機能していれば、裁定取引を通じて自然に実現する「一物一価の法則」である。これは個々の職務毎に賃金が定められている欧米の職種別労働市場では当たり前のことで、わざわざ政治的な公約にはならない。しかし、企業別に分断された日本の労働市場では、企業内部の正社員と外部の非正社員、また正社員の間でも男性と女性、さらに大企業と中小企業の正社員の間には、類似の職務であっても大きな賃金格差が存在する。これは正規・非正規労働者の賃金格差が若年層では小さく、年齢が高まるほど大きくなる「年功賃金カーブの格差」であるためだ。

このように考えれば、「日本の雇用慣行を変えないまま、正規・非正規間の賃金格差の解消」という政策目的自体が論理矛盾となる。同一労働同一賃金の実現のためには、非正社員だけでなく正社員の働き方の見直しが必要である。例えば地域・職種を限定するなど多様な形態の正社員を設ければ、契約社員等との格差是正に結び付く。また、同じ業務を行う労働者には同じ賃金という大原則は、すでに労働契約法に定められている。これを実効化させるためには、社員に対して類似の業務であるにもかかわらず、その給与に差があることの根拠を会社側が説明する責任を義務付ける必要がある。これにより、企業内で個々の仕事と報酬とが明確にリンクした職務給への移行を促すことができる。

同一労働同一賃金は労働界では普遍的に受け入れられている原則であるが、他方、毎年の春闘で、主として正社員からなる労働組合の最低限の要求は定期昇給であり、これは年功賃金そのものである。これに対して有期契約のパートタイムや派遣社員等の非正社員の賃金は、元々、職種別労働市場での需給関係によって決まる。本来、特定の企業に属さず、市場の需給関係で賃金が決まる非正社員の働き方の方が、むしろ世界標準の同一労働同一賃金の原則に近い。

企業外の労働市場での教育・訓練への支援を通じて非正社員の生産性向上を図ると同時に、企業内の正社員の賃金体系の見直しが必要だ。すでに少子高齢化の進行の下で、需給が逼迫する若年層の賃金引上げと過剰な中高年層での賃金抑制という市場の需給バランスの改善圧力が働き出している。この市場の調整力の発揮を妨げず、むしろ促進することが、真の同一労働同一賃金の実現のための政策的対応として求められている。

1　年功賃金を維持したままでの「同一賃金」は論理矛盾

日本の雇用慣行は、長期雇用保障、年功賃金、企業別労働組合が三つの大きな柱となっている。その背後には、正社員には企業内で個々の職務に囚われず、どの職場でどんな仕事でも行うことが求められる「包括的な働き方」がある。そうした個々の社員に厳密な雇用契約を設けないことが、日本の正社員の働き方の柔軟性の基本にある。これと対照的に、具体的な仕事の内容や働く場所、および給与等の基本的な労働条件を、予め書面で明確に定める働き方は、日本では非正社員の一種の「契約社員」と呼ばれる。しかし、これは他の先進国ではむしろ普遍的な働き方であり、本来、明確な雇用契約にもとづかなければ、どのような働き方を強いられるかが不明であり労働者にとってのリスクが大きいと考えるのが普通である。

もっとも、欧米の職種別労働市場と異なり、日本の企業別労働市場では、個人が働く職種を明確に定めない方が望ましい場合がある。過去の高い経済成長期には、企業の組織が不断に膨張し、技術革新に見合って新たな職種が次々に生まれた。こうした状況では、旧来の職種に拘ることは労使にとってコストが大きい。また、個々の労働者が多様な職種や職場を経験することは、長期的なキャリアアップに結びつけることができる。このように特定の企業内での労働者の流動性を確保するためには、個々の職種に厳密にリンクした職務給ではなく、それに年齢や勤続年数等で判断される潜在的な能力を加味した職能給が望ましい状況があった。

勤続年数に比例して高まる賃金制度も、過去の高い経済成長期の慢性的な人手不足のなかで、企業とその社員との間の長期・継続的な関係が生まれた。ここで年功賃金は、若年時の低賃金を中高年時に補う、個人の生涯を通じた「後払い賃金」である。また定年退職時に受け取る多額の退職金は、退職直前の年功賃金に勤続年数に比例した給付月数を乗じた「二重の年功制」であり、社員の「囲い込み効果」が大きい。例えば20歳で入社した社員が40歳で同一賃金の別の企業に転職し60歳まで勤務した場合、企業毎の勤続年数が分断されるために、生涯に受け取れる退職金が同一企業にとどまった場合と比べて約４分の１削減されるなど不利な扱いを受けることになる。

その一方で、企業が成長し多くの利益を蓄積する高い経済成長の下では、同じ企業に長期勤続することは、社員にとって生涯賃金が増えるとともに、経営者にも円満な労使関係を約束する、優れたビジネスモデルとして評価されてきた。しかし、そうした恵まれた経済環境が変わり、経済の長期停滞の下で、著名な大企業でも倒産するような時代には、社員にとって40年以上の職業キャリアを、特定の企業内でしか通用しない仕組みに委ねるリスクは高まっている。若年期は多様な職種を経験することが望ましいとしても、一定の年齢時からは、どの企業でも通用する特定の職種のスキルを身につけることが、むしろ特定の企業に依存するよりも生涯を通じた雇用の安定性に結びつくといえる。

それにもかかわらず、大企業の経営者も労働組合の幹部も、過去の高成長期に大きな成果を収

図表3－1　パートタイムとの賃金格差の国際比較

（フルタイム=100、2014年）

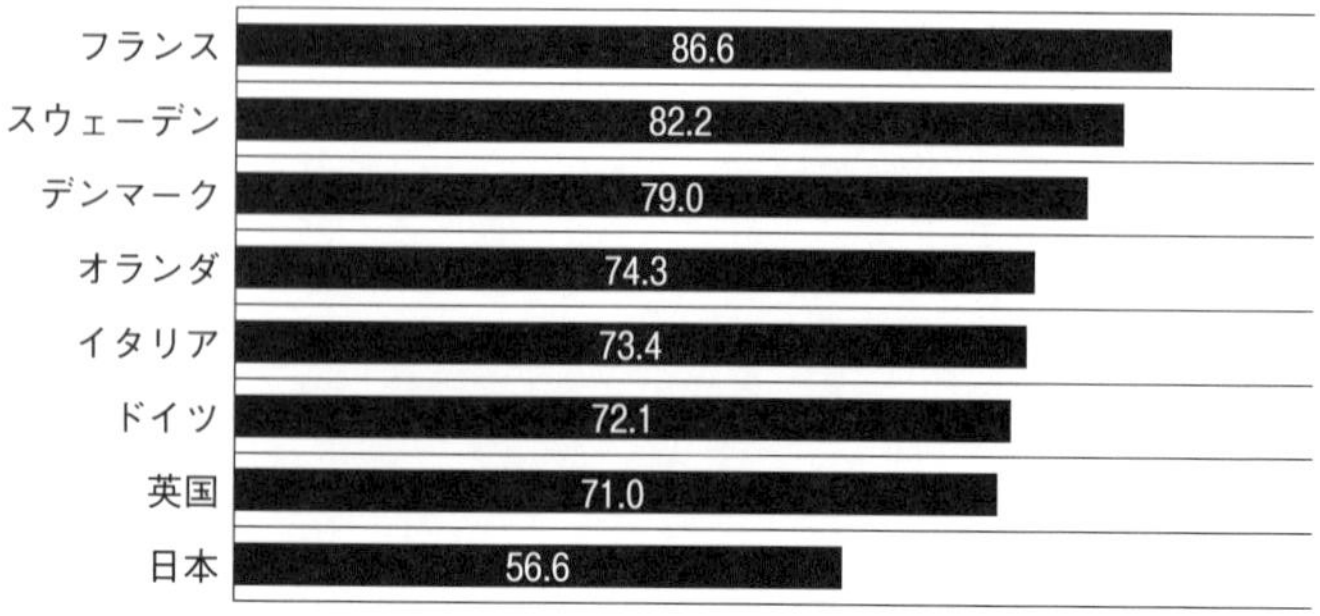

出所）労働政策研究・研修機構

めた日本の雇用慣行の成功体験から、これを低成長期になっても見直すことには消極的である。このため、経済成長減速の下で長引く不況期にも正社員の雇用と年功賃金を保障するビジネスモデルに大きな変化はみられない。しかし、その雇用慣行の対象者の範囲は極力絞り込むとともに、雇用調整の容易な有期雇用の非正社員の比率が持続的に高まり、最近時点では雇用者全体の4割に近づいている。低成長期にも正社員の雇用を守るために、より多くの非正社員が必要とされているという、「労働市場の二極化」が着実に進んでいる（第1章）。

日本の非正社員が大部分の短時間労働者の時間当たり賃金は、2014年でフルタイム労働者57％の水準にあるが、これは欧州の主要6カ国平均の77％と比べて大きな差がある（**図表3－1**）。しかし、実は両者の平均的な賃金水準で比較しても意味はない。この主要な要因は、日本では勤続年数に比例した賃金増加の度合い（年功賃金カーブ）が企業規模や働き方によって異なるためである。

図表3－2　年功賃金カーブ

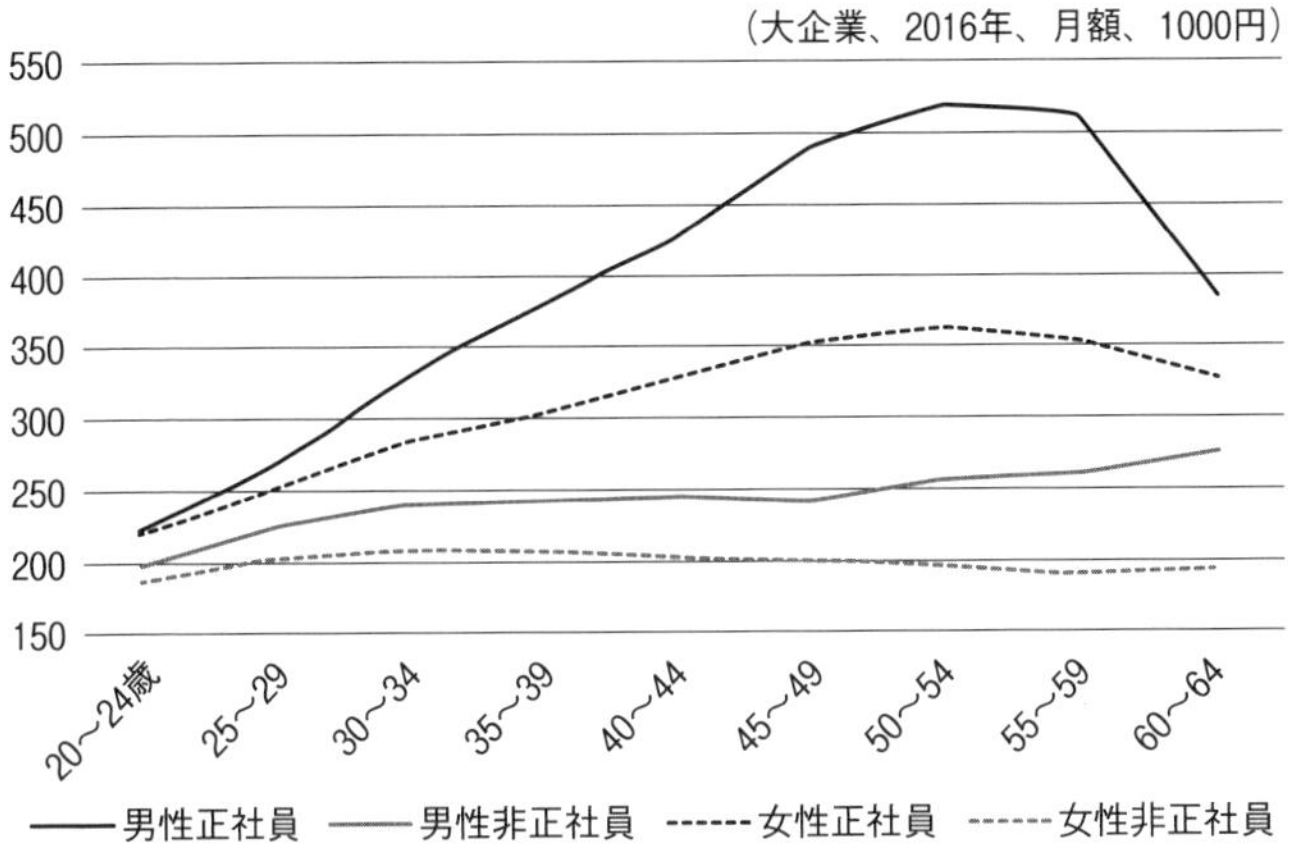

出所）厚生労働省「賃金構造基本調査」

ここで年功賃金がもっとも顕著な大企業について男女の正社員と非正社員を比較すると、ほぼフラット賃金の非正社員に対して正社員の年齢に比例した賃金上昇の度合いは著しく大きく、まだ男女間でも大きな差がみられる。このように正社員と非正社員との賃金格差は男女間の賃金格差と共通の要因にもとづいていることが分かる（図表3－2）。

こうしたなかで2017年3月に「働き方改革実行計画」が公表され、このうちの主要な柱の一つとして「同一労働同一賃金など非正規雇用の処遇改善」への政策が示された。ここでは同一労働同一賃金の考え方と、その具体的な事例について適用する場合のガイドラインが示されている。しかし、ここでは、日本の雇用慣行を所与としたままで同一労働同一賃金を実現するための問題点が如実に現れている。

2 働き方改革ガイドライン

ガイドラインでは、同一企業における「正規雇用（無期雇用のフルタイム労働者）」と「非正規雇用（有期雇用、パートタイム、派遣労働）」との間の「不合理な待遇差の解消」を目指すとしている。これは、基本給、各種手当（ボーナス含む）、福利厚生や教育訓練、等の均等・均衡待遇の確保である。この内、賞与や役職手当と福利厚生等の均等化は比較的分かり易いが、問題は報酬の大部分を決める基本給の決め方である。この基本的な考え方は、「職務、職業能力、勤続等に応じて支払うものなど、その趣旨・性格が様々である現実を認めた上で、それぞれの趣旨・性格に照らして、実態に違いがなければ同一の支給を求める（傍線筆者）」としている。このガイドラインの意味する「非正社員の待遇改善のための同一労働同一賃金」とは、正社員の年功賃金を維持したままで、それに非正社員の賃金を合わせるという「現状肯定主義」である。

具体的な事例として、「基本給について、労働者の勤続年数に応じて支給しようとする場合、無期雇用フルタイム労働者と同一の勤続年数である有期雇用労働者又はパートタイム労働者には、勤続年数に応じた部分につき、同一の支給をしなければならない」とある。しかし、雇用契約の期限が定められた「有期雇用」の非正社員にとって、仮に「無期雇用」の正社員と同じ勤続年数で決まる年功賃金が機械的に適用されても、賃金が十分に高まる前に雇用契約が終了すれば、ほとんど賃上げの意味はない。こうした「同一賃金」のガイドラインは、たとえ過去に多様な企業で働くことで、現在の企業で長期勤続の正社員と同等かそれ以上の仕事能力があったとして、現在の企業での勤続年数を反映した部分だけの報酬が「同一賃金」というお墨付きを与えるものとなる。これでは、むしろ労働契約法の「仕事の内容や責任などが同じならば、期間の定めがあることを理由に、賃金などの労働条件に不合理な差をつけることを禁じる（第20条）」の精神に反し、むしろ非正社員に不利となる内容といえる。

キャリアコースの正社員と専門職の非正社員の賃金差について、わざわざ以下のような例示もある。「管理職となるためのキャリアコースの一環として、新卒採用後の数年間、店舗等において、職務内容と配置に変更のない非正社員から指導を受けながら同様の定型的な仕事に従事する場合、それはキャリア訓練の一環であるため、指導者の非正社員より高額の基本給を支給されても問題はない」という。こうした日本型の「同一労働同一賃金」の論理は、欧米の労働組合の理解を超えるものといえる。

同一労働同一賃金の「説明責任」

上記のガイドラインは、既存の正社員の働き方を前提として、何が非正社員との間の合理的な賃金格差であるかを示そうとしたものといえる。しかし、現実にはこうした例示に当てはまらない場合も少なくない。その場合に、現在の賃金格差が合理的であることを使用者が説明する責任があるのか、それとも非合理なことを労働者が説明しなければならないかが、もっとも重要な点となる。

この点でガイドラインでは、不合理な待遇差の是正を求める労働者が、最終的には裁判で争えるような実効性ある法制度となっているか否かが重要としている。このため、①雇入れ時に、労働者に適用される待遇の内容等の本人に対する説明義務と、②雇入れ後に、事業者は、パートタイム・有期雇用・派遣労働者の求めに応じ、比較対象となる労働者との待遇差の理由等についての説明義務を課する、等を明確にしている。もっともこれだけでは不十分であり、待遇差をめぐって裁判となった場合に、使用者と労働者のいずれに立証責任が課されるかが、もっとも重要な点となる。現在では双方が証明を行うことになっているが、それでは他の労働者についての膨大な人事記録をもつ企業側が有利となる。使用者側は、「日本と欧州では賃金制度が異なる」として、企業側にだけ重い立証責任を課すことに慎重とされているが、日本独自の賃金制度に固守するなら、「日本型の同一労働同一賃金」しか得られない。

これが本来の同一労働同一賃金を原則とする米国の企業なら、労働者から「差別されている」という訴えがあれば、そうではないことを立証する義務があり、そのため普段から詳細な人事評価記録を整備しておく必要がある。これは、単に訴訟から企業を守るためだけでなく、仮に仕事能力の高い労働者を低く評価するようなことがあれば、労働者のインセンティブを損ね、企業自身にとっての大きな損失となるからだ。

仮に消費者からのクレームがあった場合に、「商品に欠陥があったことを証明せよ」という企業はない筈である。これは職場でも同様で、正社員・非正社員にかかわらず、「クレームは宝の山」であり、より大きな問題に発展することを未然に防ぐ事故処理として対処する必要がある。こうした長期的に企業にとっても利益となる職場の環境改善を促すために、政府の取るべき行動は、裁判の場でも企業に対して立証責任の強化を求めるべきであろう。

情報通信技術が大きな役割を果たす今後の日本社会では、勤続年数の長さが一律に生産性を高めるという前提自体が問われる。有期雇用者と同一労働の比較対象となる正社員との賃金差の合理性を事業者が示すことは、当初の働き方改革の目玉だった。労働者を差別していないことを事業者が立証する責任は欧米では常識だ。またその根拠を具体的に示すには、個々の仕事と報酬を結びつける賃金体系の導入が必要となる。それは能力主義人事管理の普及を通じて企業利益にも寄与する。

ガイドラインでは、同一労働同一賃金の意義として、有期雇用者の労働意欲の高まりをあげている。しかし、元々、市場競争にさらされている非正社員の労働意欲を政府が心配する必要はない。むしろ有期雇用者との同一労働同一賃金の適用により、正社員の生産性を「見える化」し、その向上を目指すことが、労使双方により大きな利益となる。また正社員にとっても、同一職種間の転職が不利にならないことは特定の企業への依存度を軽減し、労働市場を通じた雇用の安定にも貢献する。さらに経済全体にとっても衰退分野から成長分野への労働移動の促進で経済成長にも貢献する。

裁判外紛争解決と派遣労働者への対応

ガイドラインでは、有期雇用者への説明責任と並んで、その保護のために不合理な待遇差の是正を求める裁判外紛争解決手段の整備が挙げられている。しかし個別労働紛争に関する労働審判制度は既にある。むしろ、事実上、現行の正社員の働き方を正当化するガイドラインの下では、裁判外紛争解決の活用の余地は小さいといえる。

他方で、派遣労働者に派遣先と同一労働同一賃金を適用するのは、派遣先が変わるごとに賃金が変わるために困難だという。これは派遣労働が特殊なためではなく、すでに日本ではまれな同一労働同一賃金市場を形成しているためだ。むしろ事業者が類似業務の派遣社員と比べた正社員賃金の合理性を説明することが、同一賃金実現への早道だといえる。

3　同一労働同一賃金は賃下げを意味するか

「企業内賃金の正社員」と「市場賃金の非正社員」との働き方の基本的な違いという現状から眼を背け、正社員の年功賃金を維持した上で、同一の業務を行う非正社員に対し、見かけ上の同一賃金を適用するという主張は論理矛盾である。同一労働同一賃金とは、現行の正社員の賃金体系を、時間をかけてでも特定の仕事と結び付いた職務給に変えることなしには実現可能ではない。また、それが企業にとって過去の高い経済成長期に普及した年功昇進と結びついた賃金体系から、今後の低成長期に相応しい働き方への改革となる。政府の役割は、こうした企業がいずれにしても行わなければならない方向への賃金制度改革を後押しすることである。

これに対して、年功賃金カーブを抑制し職務給に移行することは「正社員の賃金の切下げ」であり、そうした正社員の「非正社員化」には絶対反対という声が生じることは避けられない。これに対してどう考えるべきだろうか。

第一に、現在の中高年層の高賃金は、その世代が若年層であった時の低賃金の補償であり、中途でルールを変更するのは約束破りである。仮に年功賃金を是正し職務給にするなら、それは新入社員時から適用すべきという論理がある。これに対して、年功賃金制度は勤労期に保険料を積み立て、それを引退期に取り崩す賦課方式の年金制度との共通点が多いことが指摘される。いずれも積立世代と引き出す世代の人口比により負担と給付の関係が決まる。過去の多くの若年労働者と少数の中高年労働者のピラミッド型年齢構成の時代には、同じ年功賃金体系でも若年労働者の一人当たりの負担は相対的に少なかった。しかし、今後の減少する若年労働者と増加する中高年労働者の組み合わせの時代には、若年世代の負担はより大きなものとなる。このため年金給付額の削減と同様に、年功賃金カーブの抑制は避けられない。また、すでに第1章で見たように、労働市場の需給関係を反映して、もっとも賃金の高い年齢層の賃金は大きく低下しており、それが人手不足にもかかわらず平均賃金が高まらないことの一つの大きな要因となっている。

第二に、年功賃金は、勤続年数が長いほど労働者の熟練度が高まり生産性が上昇することに見合ったものという経済学的な説明である。しかし、これは若年社員についてはともかく、40～50歳台でも同様に成立するかは疑問がある。とくに企業間で汎用性の高い情報関連技術の重要性が高まれば、企業固有の熟練の価値は相対的に低下する。また賃金センサスで見た「(同一企業内で継続的に勤務する) 標準的労働者」の同一年齢層での賃金格差は年齢が高まるとともに拡大するものの、もっとも低い層でも年功カーブ自体がなくなるわけではない。

第三に、正社員の賃金が家族の生計費とともに引き上げられる生活給が「人間らしい働き方」という論理がある。これについては、職務給が大部分の欧米の労働者は非人間的な働き方かという反論があり得る。年功賃金は企業の恩恵ではなく、途中で退職すると不利になることで労働者を企業内に閉じ込める手段であるとともに、欧米にはない人事権の裁量性の高さの代償でもある。この改善のために、若年層の賃金を引き上げる一方で、中高年層の年功賃金を抑制することで、平均的な賃金水準を維持できる。これは供給不足の若年労働と過剰な中高年労働の需給ギャップの差とも整合的であり、自然な流れでもある。また、世帯主の配偶者への「内助の功」を支援する所得税の配偶者控除とリンクした配偶者手当を、女性の就業に中立的な子ども手当に振り替えることは、専業主婦の多い中高年世帯から子育て中の共働き世帯への企業内の所得移転となり、少子化対策への貢献ともなる。

4　同一賃金実現のために必要な法改正

現行のガイドラインに沿った労働法制の改正はどのように行われるのだろうか。すでに現行法でも、労働契約法（第20条）では、「期間の定めがあることにより同一の使用者と期間の定めのない労働契約を締結している労働者の労働契約の内容である労働条件と相違する場合においては、当該労働条件の相違は、労働者の業務の内容及び当該業務に伴う責任の程度、当該職務の内容及び配置の変更の範囲その他の事情を考慮して、不合理と認められるものであってはならない」と定めている。また、２０１５年9月に成立した議員立法の「同一労働同一賃金推進法」は、「業務の内容及び当該業務に伴う責任の程度その他の事情に応じた均等な待遇及び均衡のとれた待遇の実現」としている。これらは、すでに同一労働同一賃金法の先取りの規定である。もっとも、その注釈についての具体的な解釈次第では、結果的に現行の正社員と非正社員との賃金格差を正当化する危険性もある。

例えば、経団連の「労働者のキャリアや責任の程度」や、連合の「配置転換や転勤の精神的苦痛」等を加味した「同一労働」という論理は、そうした正社員の非正社員と比べた仕事上の「責任」や「苦痛」の度合いが、どの程度の賃金差に相当するかを数値化しなければ大きな意味はない。

むしろ、同一労働同一賃金を実質的に実現するためには、上記のような「言い訳」を法律自体に盛り込まないことが肝要である。例えば、現行の雇用機会均等法（第2条）にある「労働者が性別により差別されることなく」の規定を、「労働者が性別や年齢により差別されることなく」というように拡大することが一つの手段である。また、パートタイム労働法（第9条）においても「事業主は、職務の内容が当該事業所に雇用される通常の労働者と同一の短時間労働者については、賃金の決定、教育訓練の実施、福利厚生施設の利用その他の待遇について、差別的取扱いをしてはならない。」とある。この法律は、パートタイムに対象を限定している同一労働同一賃金法であるが、現実には、育児休業明けの場合等、例外的な「通常（正社員）の短時間労働者」にしか適用されていない。この正社員の短時間労働者への義務規定を非正社員全体にも拡大適用すれば良いといえる。

また、在宅勤務や職種・地域を限定した正社員の働き方を労働契約法等で明示する必要もある。これは配置転換や転勤に応じる義務のない働き方であり、夫婦共働きが主流となる今後の社会では必要な選択肢となる。いずれも現行法では禁止されているわけではないため、法改正なしに企業が自由に定めれば良いという考え方がある。しかし、そうした働き方が労働法上で認知されていないために、個別紛争が生じる可能性がある。例えば、社員に転勤の義務がないことは、仮に当該事業所が閉鎖された際には、その社員を他の事業所に転勤させる企業の責任もないことになる。しかし、仮に地域限定正社員で契約した社員が、いざ事業所が閉鎖された場合に、別の事業所への転勤を求めて裁判所に訴えた場合に、裁判官がどのような判決を下すかは自明ではない。個別紛争を防ぐために、地域限定雇用契約の内容を労働契約法上に明記する必要がある。

こうした地域限定正社員の働き方は、雇用不安を高めるとの批判が大きい。しかし、傾向的に増えている共働き世帯では、世帯主の転勤を契機に配偶者が仕事を辞めざるを得ない場合が少なくないことも、別の意味での「雇用不安」といえる。世帯主のみが働く世帯を暗黙の前提とした従来の働き方だけでなく、共働き世帯のニーズにも配慮する必要がある。これも一つの「労働者対労働者」の利害対立といえる。

女性管理職の増加にも有用

仮に同一労働同一賃金の原則が法制化されれば、その最大の恩恵を受けるのは女性労働者である。日本の管理職に占める女性の比率は２０１６年で12％に過ぎず、欧米諸国の30％よりもはるかに低いことはよく知られている。また、男性と比べた女性の平均的な賃金水準は68％で、80～90％の欧米諸国とは大きな格差がある。これは賃金が個々の労働者の職務と切り離され、年齢や勤続年数を基準に定められ易い日本の雇用慣行の下では、平均的な離職率が男性と比べて高い女性が、管理職への登用面でも不利になり易いためである。

このため安倍総理は、女性の管理職比率を他の先進国並の30％に引き上げる目標を掲げている。これに対して大企業の反応は鈍く、「管理職の女性が少ないことは、（女性差別ではなく）単に管理職候補の年齢層の女性が少ないことの結果」という企業の内部昇進の論理に阻まれている。しかし、企業の中で重要な役割を果たす管理職の内、女性の比率が10％程度に過ぎないことは、企業自身にとって大きな損失である。これは企業の意思決定が偏るだけでなく、顧客の半分を占める女性のニーズを的確に捉えられないことになるためだ。企業が本気でダイバーシティー戦略を重視し、女性管理職を増やすことを目標とする場合に、仮に社内に女性の適任者が少ないとすれば、社外から調達すれば良いだけである。管理職をよく働いた中高年社員の処遇ポストではなく、企業の中枢を担う重要な専門職として位置づけるなら、男女にかかわらず、企業の内外から優れた人材を登用しなければ、今後の低成長社会では生き抜けない。

　女性管理職の増加を、単に社会的弱者としての女性の保護政策と見なしたり、企業の社会的責任として位置づけることは大きな誤りである。それは、企業内の社員間での公平な競争の結果、自然に実現するものと考えれば、長期的な企業の利益追求と矛盾するものではない。これまでの慢性的な長時間労働や頻繁な転勤を伴う働き方は、暗黙の内に専業主婦を持つ男性世帯主を前提としていた。こうした働き方のままでは、既に雇用者の過半数を占めている、夫婦がともに働く家族にとっては不利な状況となり、対等な競争条件は維持できない。残業や転勤のない職務・勤務地を限定した働き方を、正社員の選択肢のひとつとして確立する必要がある。

　女性のライフサイクルは、結婚・出産など男性よりも多様で、企業間の流動性が高い働き方と整合的である。これまでの政府の政策は、育児休業の整備や保育所の充実等、女性を長時間労働で転職率の低い男性の働き方に、無理に合わせることへの支援が主体であった。しかし、仮に男性の働き方も女性と同じような流動的なものとなれば、男女間の離職率の差は縮小し、その結果、管理職の男女比率の差も縮小する可能性が大きい。このモデルとなるのは、男女の別なく仕事能力主義を貫いている外資系企業で、女性だけでなく男性の離職率も高いことから、結果的に女性の管理職比率の高さに結びついているとみられる。

職務給を前提とした同一労働同一賃金は、労働者間の公平性の観点だけでなく、職種別労働市場の範囲を広げ、特定の企業に依存しない流動的な働き方を普及させることにもなる。今後、労働力が長期的に減少する日本の労働市場では、労働者の「売り手市場」となって行くことから、男女にかかわらず、雇用流動化のメリットが大きくなる。

5　労働契約法の2018年問題

２０１３年度に施行された改正労働契約法では、５年を超える継続的な有期雇用は、労働者の求めに応じて無期雇用への転換義務が課せられている。もっとも、賃金等の労働条件は有期雇用のままでも良いことから、これが実効化する２０１８年度以降は、「年功賃金なしの長期雇用」という新しい働き方が増えることになる。もっとも、企業の方も雇用保障にコミットするなら、それを契機にどのような業務でも対応できる正社員と同じ働き方を求める可能性を排除するものではない。

企業に対してこの問題への対応を聞いた労働政策研究研修機構の調査結果[1]では、懸念されていた「有期雇用期間が5年になる前に雇止め」を考慮している企業の比率は1割以下で、6割の企業は「何らかの形で無期雇用化を検討」であった。他方で同時に労働契約法で求められている「有期・無期契約労働者の間で、期間の定めがあることによる労働条件の不合理な相違を禁止するルールに対応するため、雇用管理上何らかの見直しを行った」企業の割合は6社に1社程度にとどまっている。

しかし、この調査で必ずしも明らかにされていないのは、本来の正社員と新たに無期雇用になった労働者との処遇問題である。仮に、新たな無期雇用者の賃金・労働条件が有期雇用と同じままであれば、年々賃金が高まる正社員との間で、賃金格差が持続的に拡大していくことを意味する。他方、たとえ年功賃金が得られても、正社員並みの無限定の働き方を強いられるなら辞めざるを得ないという社員もあり得る。これも現状の正社員の働き方を維持したままでの小手先の改革では、同一労働同一賃金の実現は困難であることの証左といえる。

こうした有期雇用者の無期契約化は、職種・地域限定正社員の形態を活用することが有効である。これは残業・配置転換・転勤なしの働き方を維持したい社員と、年功賃金の正社員を増やせない企業との双方のニーズに沿うものとなる（第7章参照）。

同一労働同一賃金の法制化は、有期・無期雇用の違いにかかわらず、同じ職種での賃金格差の根拠を明確に示す立証責任を企業に課すことになる。これは企業にとっては、従来の年功賃金の下では不用であった、詳細な人事評価記録を求める「負担増」という批判もある。しかし、今後、外国人も含めた多様な人材の活用には、社員が納得する客観的な人事評価は避けられなくなる。

同一労働同一賃金は、正社員や非正社員という「身分」ではなく、仕事能力にもとづく職種毎の賃金を決める公平な仕組みである。これは正社員にとって必ずしも賃下げを意味しない。むしろ若年者でも、仕事能力の高い職種に早期に就けば、大幅な昇給も可能となる。何よりも労働力が減少する今後の日本で、画一的な定年退職制という不公平で非効率な仕組みを廃止するための大きな前提ともなる。

今後の低成長・高齢化社会では、年齢に依存した現行の人事システムは機能不全となりつつある。同一労働同一賃金の原則を、正社員と非正社員の間だけでなく、高齢者や女性の活用にも役立てることで、初めて安倍総理の成長戦略に結びつけることができる。この「同一労働同一賃金騒動」を単に迷惑な存在と考えず、企業にとっても、社内の人事改革を進めるための良い契機と考える必要があるのではないだろうか。

注

（1）労働政策研究研修機構「改正労働契約法とその特例への対応状況等に関するアンケート調査（平成29年5月23日）」

第4章　残業依存の働き方の改革

政府が進めてきた「働き方改革」の内で、もっとも明確な成果が得られたものが、２０１７年３月に安倍晋三総理が経団連と連合の会長の合意を取り付けて実現した残業時間の上限規制の設定であった。これが労働政策審議会の建議としてまとめられ、それにもとづく労働基準法の改正案が２０１７年秋の臨時国会に提出されることになった。これまでも労働基準法には残業時間の上限規制自体は存在していたが、労働組合の合意さえ得られれば、残業を青天井で増やすことができた。この抜け穴を防ぎ、罰則付きの法律で残業時間の上限を守らせる改正案ができたことは画期的である。

また、これと一体的に、労働時間の長さではなく成果にもとづく専門職の働き方を定めた「高度プロフェッショナル制度」についても、一定の相互理解が得られたことは大きな成果である。これらは、いずれも残業手当に依存した旧来の働き方の抜本的な改革をもたらすための第一歩となる。もっとも、これらの働き方の規制改革は、その取締りの実効性なしには成功しない。労働基準監督署の機能強化により違反企業を確実に取り締まれる監視体制の強化が不可欠となる。

1　日本の長時間労働の現状と問題点

日本では、企業毎の具体的な賃金や労働条件の決定は労使自治に委ねるというのが労働法の原則である。この例外が最低賃金の設定と労働時間の上限規制であり、この違反には罰則が課される。長時間労働への規制は、雇用の流動性が小さい日本の大企業では特に重要であり、慢性的な長時間労働は労働者の健康を損ね、最悪の場合には過労死に至ることもある。また、労働者の疲労の蓄積は労働の質の低下を招き、競争力の低下を招くことから企業にとっても大きな損失となる。

長時間労働の実態

一般に先進国の間では所得水準の高まりに比例して労働時間が低下する傾向が見られるが、欧米諸国と比べた日本の労働時間は高い水準にとどまっている。もっとも労働時間の国際比較統計ではあまり大きな差はなく、注意が必要である。２０１５年で比較した日本の年間総実労働時間は１７１９時間と、英国１６７４時間、フランス１４８２時間、ドイツ１３７１時間よりも長いものの、米国の１７９０時間、イタリアの１７２５時間よりもやや短い（OECD 2017）。しかし、こうした国際比較が可能な労働時間は、多くの場合に画一的な働き方の製造業に限定されている。集団単位の労働が中心の工場では機械が動いている時間帯がほぼ労働時間に等しい。しかし、個人単位で働く事務所ではそうした明確な基準が当てはまらず、正確な比較は困難である。とくに個々の労働者が自発的に仕事時間をコントロールできる高度専門職では、労働時間とそれ以外の時間との境界線は曖昧であり、欧米ではホワイトカラーの労働時間については統計自体が乏しい場合もある。

図表4－1　労働者一人当たり年間実労働時間

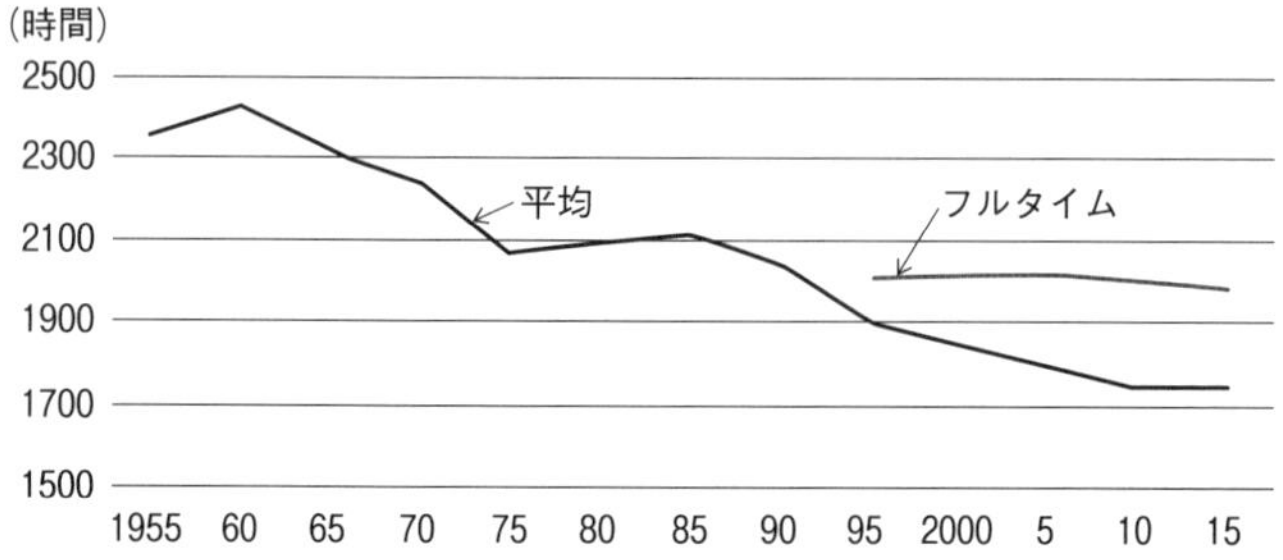

出所）厚労省「毎月勤労統計調査」

日本の長期的な労働時間の推移をみると、1960年代には年間2400時間を超えていた時期もあった。他の先進国と比べて長すぎる日本の労働時間は、国民生活を犠牲にして対外競争力を高める「ソーシャルダンピング」として批判され、1980年代の日米経済摩擦のひとつの論点ともなった。このため日本政府も1800時間への引き下げを政策目標として掲げ、これは2000年代初めには達成された。しかし、平均的な労働時間が長期的に減少しても根本的な問題自体は変化していない。これは経済成長の長期的な減速の下で、パートタイム労働者が持続的に増加し、労働者平均の労働時間を見かけ上減らしたためである。これを除いたフルタイム労働者の労働時間は、データの得られる1990年代後半期以降、2000時間を超える水準でほとんど変化していない（**図表4－1**）。むしろ典型的な業務の短時間労働者の増加により、フルタイム労働者には実質的に管理職的役割も含めて多様な業務に対応する負担が増えている。

長時間労働の弊害は、過労死の増加と結び付いて大きな社会問題となっている。政府の「過労死防止対策白書（2016年）」

では、業務上に関わる精神疾患や脳・心臓の疾患で、政府の労働災害保険（労災）の給付金の支給決定件数は、毎年、６００～７００件台で推移しており、２０１６年で７５８人となっている。この内、死亡者（自殺含む）は１９１人で、長期的にはやや増加傾向が見られる。なお、労働者の疲労度は残業時間に比例しており、週に20時間を超えると73％の労働者が疲労の蓄積度が高まると答えている。

長時間労働の要因

日本では、残業時間を規制するための手段として、もっぱら残業労働に対する割増賃金の支払いの義務づけが用いられている。これは労働者にとって、通常の労働時間よりも負担が大きな残業労働への補償と、使用者が安易に残業労働に依存しないためのペナルティーという二つの意味がある。

この仕組みは、職種別に同一労働同一賃金が成立している米国等の労働市場では良く機能している。米国企業にとっては、好況期に既存の社員に高い残業割増賃金を支払うよりも新規雇用を増やし、不況期にはレイオフ（一時帰休）に依存する方が人件費の節約となる。これに対して、日本では不況時にも雇用調整は容易ではなく過剰雇用を維持しなければならないという制約がある。このため普段から正社員を抑制し慢性的な残業に依存する働き方で、不況時には労働時間を削減して雇用を守る方式が用いられる。また、賃金に比例した残業手当は年功賃金の下では、とくに専業主婦比率の高い中高年労働者にとって有利となる。このように、長い労働時間は雇用の安定と不可分の関係にあり、経営側と労働組合との双方にとっての利益となるため是正することが困難であった。

　過去の不況期における日本の所定外（残業）労働時間の変動幅は大きい。とくに1990年代初めのバブル崩壊時には、3年連続のGDPのゼロ成長にもかかわらず、常用雇用者は減るどころか逆に増えていた（**図表4－2**）。これはバブル期に限度一杯まで膨らんだ残業時間を削減する余地が大きかったことがある。また、雇用の増加は、この景気調整が一時的なものとの判断で、先の好況期に調達できなかった労働力を次の好況期に備えて確保しようとした企業行動による面もあった。

　その後、マクロ経済は1995～97年に順調な回復過程を辿ったものの、経済活動が十分に回復する前に、消費税増税と東アジア経済危機とに見舞われた。この外的ショックによる不況期には、まだ残業時間が十分に高い水準にまで回復

図表4－2　所定外労働時間と常用雇用指数（2010年＝100）

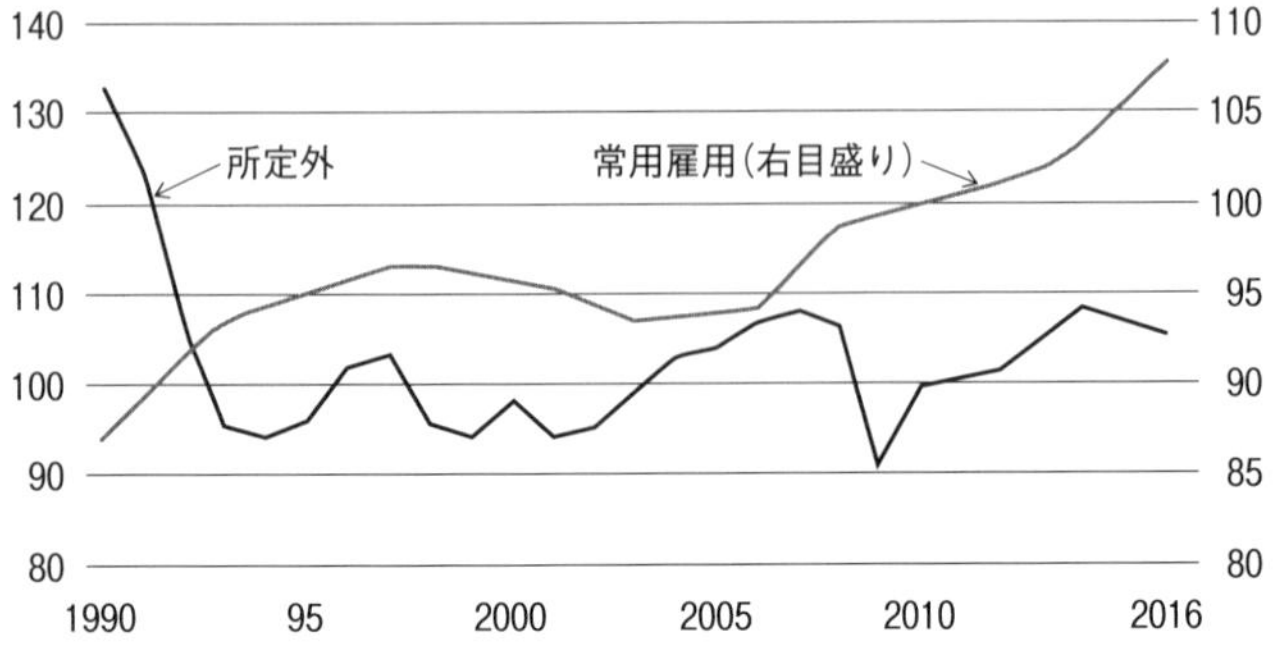

出所）厚労省「毎月勤労統計」

していなかったため、労働時間の調整だけでは不十分となった。このため雇用量の抑制が必要とされ、失業率は１９９７年末の３・５％から1年間で４・５％に高まった。しかし、次の２００９年のリーマンショック時には高水準の残業時間と不況期間が短期間であったこともあり、所定外労働時間の調整だけで雇用の大きな削減には至らなかった。これは同時期に失業率が10％台に高まった米国や欧州と対照的であった。このよう日本の長い労働時間は、不況時の雇用保障のための安全弁という重要な役割を果たしていることを忘れてはならない。

また、多くの日本企業が過去の高成長期に定着した、企業内で多様な業務を経験し熟練度を高めるキャリアパスを重視することの影響もある。特定の職務に専念する職種別労働市場と比べて、数年毎の配置転換で新しい職場に移ることは、企業内の多様な業務を学ぶことで個々の労働者の熟練度を高めるメリットがある。その半面、集団的な働き方のなかで先任の労働者が後任に新しい業務を教え、また後任者が学ぶために残業労働が必要となる労働者の負担も大きい。

企業内の多様な職種を経験するために、個々の労働者の業務範囲も不明確となり、一部の社員に過大な負担が課される場合も少なくない。過去の高い経済成長期に企業組織が膨張していた時期には、社員の多様な能力に応じた仕事を見つけることは可能であっても、そうした条件が失われた時期には、生産性の低い社員のカバーは他の社員の負担になる。さらに、個々の仕事と賃金とが明確に結びつかないことから社員の人事評価の基準も曖昧となり、労働時間の長さが企業への貢献度の高さと見なされ易いことも長時間労働の温床となる。

長期雇用保障・年功賃金の働き方は、暗黙の内に専業主婦をもつ世帯主を前提としていた。しかし、夫婦の間で職場と家庭との役割分担が明確な働き方のままでは夫婦が共に正社員の家庭生活は成り立たない。結局、多くの場合に、既婚女性は子供を諦めて自らのキャリアを追求するか、それともキャリアを諦めて子育てを優先するかの二者選択を強いられることになる。このように長時間労働の削減は、残業手当に依存する中高年男性と生活時間を重視する若年・子育て期労働者との間の利害対立の面も大きい。このため従来の専業主婦をもつ世帯主労働者の働き方を前提とした労使協調路線にこだわる企業の労使だけに委ねていれば、抜本的な改革はいつまでも実現できない。これが安倍政権の下で、労働時間短縮への強力な政治介入が必要とされた所以である。

2　労働時間規制の問題点

日本の労働時間に関わる現行の規制は、①法定の労働時間規制（一日8時間、週40時間）、②これを上回る場合には労働組合との三六協定の締結、③月45時間等の残業時間を超える場合にはさらに特別協定の締結、等からなっている。日本の慢性的に長い労働時間の主因は、とくに使用者との交渉力の弱い中小企業の労働者が残業命令を拒めないためであり、労働組合の組織率引き上げが先決という見方もある。しかし、企業規模別の平均労働時間を比較すれば、中小企業よりも労働者の交渉力の高い筈の大企業ほど、残業時間が長いのが実態である。これは労働組合組織

図表４－３　大企業ほど多い長時間労働者

企業規模（従業員数）	労働組合と特別協定のある企業比率	月間残業時間数		
		60時間以上	80時間以上	100時間以上
１～９人	35.7	75.0	20.4	6.2
10～30人	45.6	67.4	22.8	3.3
31～100人	52.5	71.3	20.5	5.7
101～300人	68.1	73.0	29.5	8.9
301人以上	96.1	82.8	34.7	10.6

出所）厚生労働省就労条件実態調査（2013年度）

率や賃金水準の高い大企業のほぼ全部が労働時間の上限を外す労働組合との特別協定を締結しており、月間80時間超や１００時間超等、著しく残業時間の長い労働者の占める比率も企業規模に比例して高いことでも示される（図表４－３）。このように法律が当初想定していた、労働組合の交渉力が、長い残業時間の歯止めとして機能していないことが、今回の法改正のひとつの背景となった。

労働時間規制の各国比較と休業規制

米国の労働時間規制は、法定の週40時間を超える分について50％の割増賃金率を定めるのみで、労働時間の上限の制約はなく日本のような労使協定も不要である。不況期のレイオフ（解雇手当付きの一時帰休）が労働組合との合意で可能な米国では、使用者は好況期の生産増加に対して高コストの残業労働を避け、新規雇用で対応することから慢性的な長時間労働にはならない。また、専門的な職種で一定水準以上の報酬であれば、残業割増賃金規制から免れる。英国では割増賃金に加えて労働時間の上限規制があるが、専門職等について事前に書面で合意すればその適用除外とする契約が可能である。

ドイツの労働時間は一日当たり8時間の規制が原則であるが、高賃金の専門職には適用除外がある。また、残業する場合にもその時間に見合った割増賃金を受け取らず、その分を積み立てることで休暇と合わせて利用できる休息規制がある。他方、フランスやイタリアは残業割増賃金と労働時間の上限規制を組み合わせる日本と類似した仕組みである。しかし、いずれの国も、働く時間の範囲が曖昧な高度専門職については、労働時間規制の適用除外を認めている。

労働時間の上限への規制と一定の休息時間を設ける規制には代替的な機能がある。欧州で一般に用いられているインターバル規制は、個々の労働者について前日の就業時間の終了時から当日の開始時までに例えば11時間を必ず開けることの義務付けである。これであれば急な業務にもある程度まで残業で対応できるとともに、翌日の勤務開始までに十分な休息時間を確保することができ、疲労の蓄積を防ぐことができる。

これら諸外国と比較した日本の残業時間規制には、残業の法定割増賃金率が深夜・休日を除けば25％と低いことと、裁量労働制の対象であるホワイトカラー専門職についても深夜・休日労働には残業割増賃金の義務付けという二つの特徴がある。このため２００７年に法定割増賃金率を欧米並みの50％に引き上げる一方で、働く時間を自由に選べる高度専門職については残業割増賃金の適用除外とすることがセットで提案された。これは、仮に労働者の裁量で残業時間を増やすことが容易な職種についても残業割増率の画一的な引上げを行えば、企業の人件費負担増には際

図表４－４　残業割増率の仕組み（％）

平日	
法定労働時間（８時間/日）	0
普通残業時間（22時前まで）	25
深夜残業時間（22時～５時まで）	25
１カ月の残業時間が60時間超	50
法定休日（週１回）	35
時間外＋深夜	25＋25
法定外休日＋深夜	35＋25

出所）厚生労働省労働基準局監督課

限がなくなるという懸念があたったためだ。

その意味で工場労働や対人サービスのように勤務時間と生産量との関係が明確な職種では割増賃金率を他の先進国並みの水準に引き上げることが合理的である。その半面、自発的に労働時間の管理が可能な、相対的に高賃金の専門職にまで、割増賃金を機械的に適用することは妥当ではない。この場合には、いわば「部下のいない管理職」のように、通常の残業手当を管理職手当に相当する固定給に代替することが望ましいというのが当初の法案の趣旨であった。

しかし、この欧米では当然に行われている高賃金専門職への残業割増賃金の適用除外（ホワイトカラー・エグゼンプション）に対して、「残業代ゼロ法案」というレッテルを張るなどの労働組合側の反対運動が行われた。この結果、残業手当の適用除外についての合意が得られなかったことから、結果的に一般労働者の残業割増率の引上げ対象も大幅に抑制され、毎月残業時間が60時間を超えた時点から50％に引上げという中途半端なものにとどまった。これも働く時間に応じて報酬を受け取る相対的に低賃金の労働者と、時間にとらわれず働く高賃金の働き方の労働者の間の利害対立といえる。この結果、現行の割増賃金率の仕組みは、複雑な組み合わせとなっている（図表4－4）。

残業時間規制の労働基準法改正案

労使トップ合意を受けて2017年6月に労働政策審議会で定められた「建議」（法律を作る際の骨格）の主要なポイントは以下の通りである。

①現行の時間外限度基準告示を法律に格上げし、罰則による強制力を持たせるとともに、従来、上限無く時間外労働が可能となっていた「臨時的な特別の事情がある場合として労使が合意した場合」であっても、上回ることのできない絶対的な上限の設定、

②時間外労働の上限規制は、原則として月45時間かつ年360時間、

③この上限に対する違反には、以下の特例の場合を除いて罰則を課すことが適当、

ここでの「特例」とは、臨時的な特別の事情がある場合として、労使が合意して労使協定を結ぶ場合においても上回ることができない時間外労働時間（休日労働を含まない）として、年720時間（月60時間）の設定であり、その範囲内でも一時的に事務量が増加する場合について、最低限、上回ることのできない上限として、

①休日労働を含み、2カ月ないし6カ月平均で80時間以内

②休日労働を含み、単月で100時間未満
③原則である月45時間の時間外労働を上回る回数は、年6回までと複雑な内容となっている。

ここで誤解されやすい点として、法定休日（週1日、例えば日曜日）と法定外休日（例えば土曜日）の区別がある。週休二日制の労働者にとって土曜日と日曜日は同じであるが、労働基準法では法定休日の勤務には35％の割増賃金が付くが、それ以外の休日には通常の残業と同じ25％である。土日のどちらを法定休日とするかは企業の定める就業規則次第であり、労働者にとって週末に1日働くなら法定休日の方が有利となる。こうした法定休日の決め方からみても、使用者の指示による残業をする工場等の労働者を暗黙に想定した規制を、自ら働く時間を決められる専門職労働者に対し、機械的に適用することは妥当でないことが分かる。

有給休暇の消化率の低さ

日本の年間労働時間の長さのひとつの要因として有給休暇の消化率の低さがある。平均した有給休暇の消化率は2000年以降低水準で安定しており、2016年で48％と与えられた18日間の半分弱しか取得していない（図表4－5）。うち大企業では55％だが小企業で44％と規模別の格差はあるが、男性は46％、女性は54％と性別の差は小さい。

労働者の権利である有給休暇が取り難い理由としては、「同僚に迷惑をかける」が大きい。こ

図表4－5　有給休暇の消化率（%）

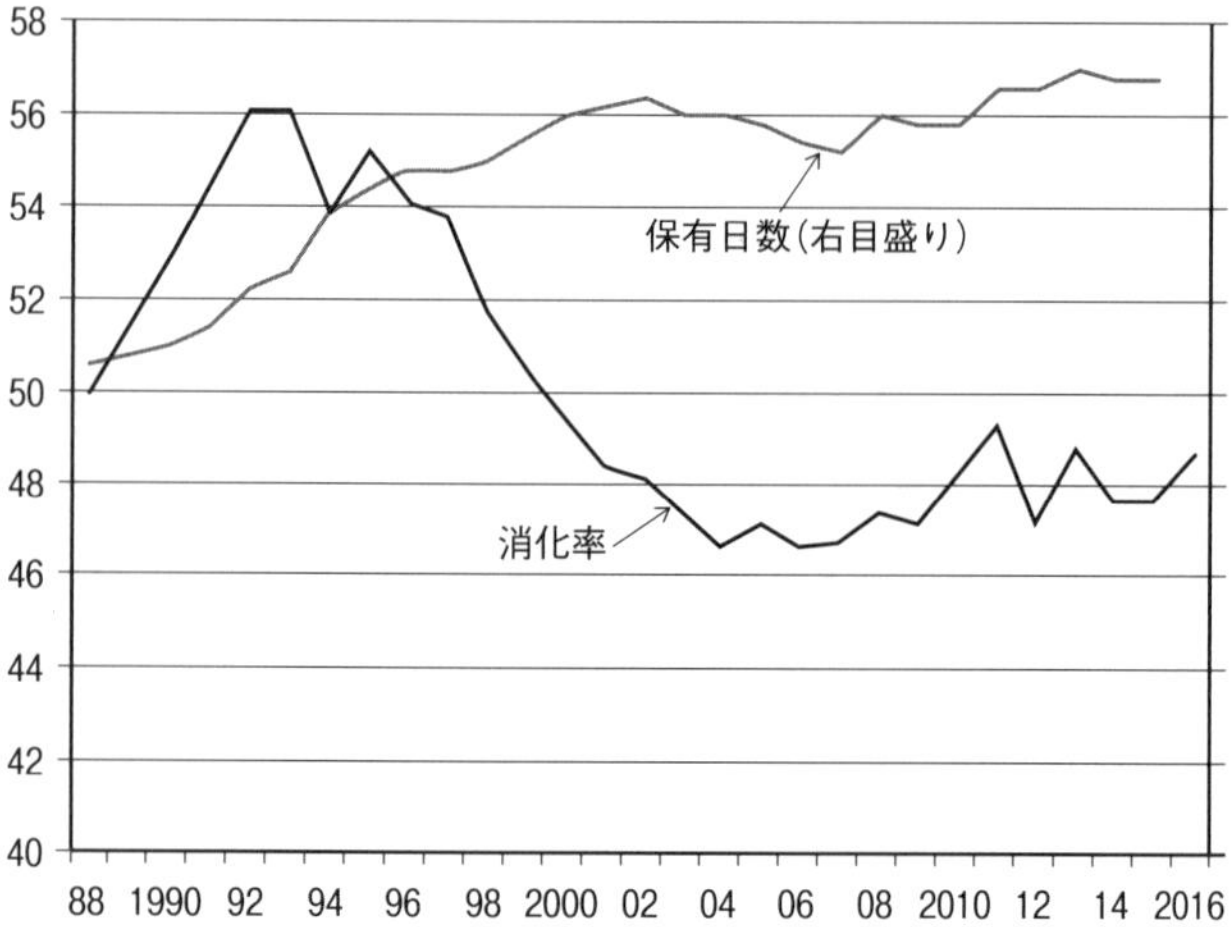

（出所）厚生労働省「就労条件総合調査（2016年）」

れは過度に集団的な働き方で個人の仕事の範囲が明確でないことによる面がある。仮に個人の仕事の責任範囲が明確であれば、自分だけの都合で長期休暇の予定を組むことができるが、そうでない日本の現状では夏休みでも1週間、それ以外では細切れの休暇がほとんどを占めることになる。これは有給休暇を取るタイミングが使用者の都合で決められることを防ぐために労働者からの申請に基づく（時季指定権）という仕組みにも依っている。

　しかし、有給休暇制度の趣旨を、その本来の年単位での休息権にもとづくものと考えれば使用者の命令による方が確実に実現できる（大内 2015）。このため2016年の労働基準法改正案では、年間5日間の範囲内で使用者による有給休暇消化の義務付けが新たに設けられた。これは日本的な画一主義による解決方法ではあるが、消化率向上には有益と考えられる。

また、いずれにしても使えない有給休暇なら金銭による買取りを求めた方が労働者にとっては望ましい筈だが、これは休暇を与えるという本来の目的に反することから法律で禁じられている。もっとも、退職時に早めに退職することで、事実上、まとめて有給休暇を消化することは現行法上も可能である。

3　時間に囚われない働き方へ

現行の残業労働に割増賃金を支払う制度は、労働者が1時間余分に働けば、それに見合った量の製品が必ず生産される集団的な工場労働を暗黙の前提としている。他方で、本来、個人単位の働き方でその成果が問われるプロジェクト企画や研究者等の高度専門的な業務では、労働時間の長さよりも仕事のアウトプットの質がすべてである。こうした成果型賃金がふさわしい職種についても、工場労働のような労働時間の長さに比例した残業手当を機械的に支給すれば、不公平なだけでなく、残業代稼ぎのモラルハザードを引き起こし易い。このため上司の具体的な指示なしに働く高度専門職について、管理職のように労働時間の規制を除外する「ホワイトカラー・エグゼンプション（適用除外）」が欧米では一般的である。

日本でも特定の専門職について実際に働いた時間の長さを考慮しない、みなし労働時間である

「裁量労働制」が設けられている。これらは、本来、賃金が成果にもとづき支払われ、働く時間を自由に選べる職種であるにもかかわらず、「深夜・休日労働には割増残業代の支払義務」という規制が厳格に定められていることが大きな違いである。これでは同じ業務内容でも、例えば早朝から夕方まで働く場合と、午後から深夜まで働く場合とで賃金に大きな差が生じるなどの不公平性が生じる。

このため、定時に仕事が終わることが少ない新聞記者やテレビのディレクター等は、あらかじめ定額の残業代を受け取り、個別に請求することは少ない。これが働く現場では合理的な対応であるが、それは現行法上では違法になる。これが現場の働き方に対応して法律を改正しなければならない理由である。

2000年代初に、電機労連が会社との交渉で作り上げた新裁量労働制は、深夜・休日に働く場合の多い長時間労働のプログラマーやシステム・エンジニアが対象である。自らの裁量で働き、時間の空いた時には少しでも長く休むことが容易になるように、労働時間と切り離された定額の報酬である「裁量手当」を定めた。これはいわば残業代のない管理職の手当に相当し、本給・調整給の約3割が相場であった。こうした「固定残業代」は低賃金労働者の場合には問題が多いが、専門的業務に従事する場合には世界標準の働き方である。こうした先進的な労働組合の主導で作り上げた仕組みを、形式的な労働基準法違反として摘発し、働き方の改革に結び付けなかった当時の近視眼的な労働基準監督行政が悔やまれる。こうした固定残業代は働く時間が不規則なマスコミ業界等では、すでに実施されているが、それは現行法上ではやはり違法行為となる。これを実際の現場の働き方に合わせた法律に改正しなければ、見かけ上の違法行為がまん延することになる。

こうしたなかで、労働時間と報酬との関係を完全に断ち切った「高度プロフェッショナル制度」等を含む労働基準法改正案が２０１５年にはじめて国会に提出された。これは高度な技能を持ち、自らの裁量で働く労働者について、時間に比例した残業手当規制を適用しない米国型の「ホワイトカラー適用除外」に類似したものである。しかし、日本では企業間を自由に移動する欧米の専門職労働市場とは大きな違いがある。このため年収が少なくとも一千七五万円以上の企業との交渉力の高い労働者に対象を限定した上で、年間１０４日の休業日数を与える使用者の義務等の健康確保措置を設けている。これは社員がひとつのプロジェクトに集中して働いた後はかならず連続して休暇を取ることを促し、疲労を蓄積させないことを法律で担保する仕組みである。

少子化の進展で労働力が減少することは、労働者にとっての「売り手市場」を意味する。日本では労働市場の流動化に対しては、「企業のクビ切りの自由化」という否定的なイメージが強いが、それは労働者にとっても「労働条件の悪い企業からの脱出」を容易にすることでもある。長時間労働是正のためには、「雇用保障のために生活を犠牲にする」現行の働き方ではなく、「働き方の質の高い企業に移る」労働者の選択肢を増やすことが基本となる。労働時間制度の改革は、労働市場の流動化を促す同一労働同一賃金等、他の制度改革と一体的に行うことで、いっそう大きな相乗効果を持つと言える。

♣コラム　連合の建設的な改正案

長年の課題であった「高度プロフェッショナル制度」が法制化に向かったことには、それまで絶対反対を唱えてきた連合が政府案への修正案を示し、それを安倍晋三総理が受け入れたことが大きかった。雇用の流動性が高く、無理な仕事を押し付けられれば、いつでも「辞める自由」がある欧米の高度専門職と対照的に、年功賃金の下で転職するコストの大きな日本では、健康管理の観点から過大な労働時間に歯止めが必要となり、明確な休業日を設ける規制の強化が必要となる。

政府の原案では、年間104日の休業（週休二日制に相当）を使用者に強制することで、年間労働時間を抑制するとしていた。しかし、これが労働政策審議会での経営側との中途半端な妥協の結果、企業のとるべき選択肢のひとつに格下げされてしまった。

連合の修正案は、この曖昧になった年間104日の休業規制を、企業に対する「例外なき義務付けに」昇格させる。それに加えて他の休業規制の選択肢を上乗せで要求した正当な内容であった。それにもかかわらず、連合内部の反対論が大きく、撤回されてしまった。

この法案は、少しでも多くの手当を稼ぐために長時間残業したい労働者にとっては、固定の残業手当以外は「残業代ゼロ」となる。しかし、残業代を増やすよりも、自由な時間の増加を望む多くの労働者には、休業日が確実に増えることが重要だ。このどこが「過労死法案」なのだろうか。

この労働基準法の改正を契機に、今後、残業ではなく、時間あたり生産性の向上で賃金の引上げを目指す。また、仕事と家庭を両立できる多様な働き方を、労使で構築すべきといえる。

労働時間短縮には業務の合理化を

いくら残業時間に上限規制が課されても、仕事量が変わらなければ、会社で行う仕事の自宅持ち帰りが増える可能性もある。競争が激しい業界では、商品やサービス価格の引下げだけでなく、受注から納入までの期間の短縮を競う場合も多く、これも長時間労働の一因となる。その意味では法定の残業時間上限の設定は、各企業の一日単位の業務量を制限する「法定カルテル」の役割を果たすものといえる。

利用者が注文すればすぐに届くサービスや、スーパーマーケットやコンビニなどの終夜営業は利用者にとっての利便性は高いが、そのコストに見合った追加的な価格引上げ分を徴収しなければ、夜間の利用者は平均的な費用を負担する昼間の利用者へのフリーライドになってしまい、過剰なサービスを抑制するインセンティブをなくしてしまう。これと同様に宅配便の即日配達を、必ずしも必要としていない顧客にまで一律に保証することは過剰なサービスであり、そのコストは結果的に利用者全体に及んでしまう。特別なサービスを求める顧客は、それに見合った追加的なコストを個別に負担する選択肢を設ける必要性がある。

欧州ではキリスト教の伝統から日曜の商店等の営業を法律で禁止している場合もあるが、その代わりに土曜日の買物混雑など、利用者の利便性を損ねる面は大きい。これに対して、例えばフランスでは地域の薬局が輪番制で終夜営業を行っているが、この方式を大型小売店にも活用し、少なくとも週1日の閉店を実施すれば、労働者の休暇の確保と新規顧客の開拓にも結び付けられる。

4 テレワークの活用

総務省によれば、情報通信技術の発展を活用し、テレワークで働く労働者には雇用者型と自営業型があり、また在宅やそれ以外の場所を選ばないモバイルワークがある。この働き方には、①働き方の多様化でとくに既婚女性、高齢者、障害者や病気治療中の労働者等の就業機会の増加、②通勤時間の節約で家族と過ごせる時間が増加しワークライフバランスに貢献、③地域の雇用機会創出と企業の人材確保手段、等の大きな効果がある。

在宅勤務の拡大を促す法整備

家事や子育て等の場である自宅を勤務場所とするテレワーク（在宅勤務）は、社員にとって働く時間と場所の選択肢を拡げるための手段としての意義は大きい。今日、情報機器の発展や通信コストの低下とともに、オフィス内でも働き方の個人化が進んでおり、自宅との物理的な距離の差は大きな問題にならない。

企業にとっても、①育児負担による女性社員の離職防止、②育児休業期間や短時間勤務期間の短縮化、③障害者や地方に在住する社員の活用、等の多様な人材活用という利点がある。また、①社員の通勤時間の削減による疲労の軽減、②都市部での高価なオフィス・スペースの節約、③社員が自律的な働き方が求められることにより、その時間管理能力の向上、等の副次的な効果も見られる。

他方で、①とくに若手社員では上司とのコミュニケーションの制約、②仕事と仕事外の時間が混在し、残業時間との線引きが困難、③在宅で長時間労働をしてしまう社員への健康面での配慮、④労働災害が生じた場合の労災保険認定の困難さ、等の問題点もあげられている。

このため、何らかの形で在宅勤務を実施している企業についても、①通常の勤務との併用で、週に1～2回程度の在宅勤務という混合形態を採用するところも多く、本格的な実施には程遠い。また、労働時間の管理についても、始業及び終業の時刻を上司に電話等で報告する等、オフィス内での働き方と基本的に変わらない方法を採用しているところが少なくない。こうした同じ事業所内で働く労働者を使用者が管理することを前提とした現行の労働法制が、在宅勤務の広がりを妨げる大きな要因となっている。

現行法では、在宅勤務について、セールスマン等に適用される「事業場外労働（労働基準法38条の2）」の適用が認められているに過ぎない。しかし、この規定は、職場の上司が部下の労働時間の算定が困難なことを前提とした例外的な制度であり、仕事と生活時間の配分を、労働者の裁量に委ねることが可能な在宅勤務との隔たりは大きい。例えば、昼間に子供の送り迎えやPTA等の会合に出席する代わりに、深夜や休日にまとめて働こうとすると、別途、割増残業代を請求しなければならない。

在宅勤務は、オフィス等における通常の勤務とは異なり、時間的・場所的拘束性の弱い働き方である。これを在宅勤務の特色に即した、より柔軟な労働時間規制に変更することが求められる。具体的には、労働時間が過長なものとならないよう、パソコンの接続時間の総量管理や、年間休日の総量を定めた上で、何曜日にどの時間帯で何時間働くかは、労働者の裁量に委ねるという働き方を認めることが望ましい。これは、裁量労働制の働き方を、職種等ではなく、在宅勤務という特定の場所に限定して認めることに近い。これは具体的には、労働基準法の事業場外労働の規定の次に、在宅勤務についての規定を設ければ良いだけである。

しかし、現実にはその活用は十分には進んでいない。現状では、週1日以上、終日在宅で勤務する雇用型・在宅型のテレワーカーの数は260万人と全労働者に占める割合は4・5％（20

13年、国土交通省調べ）にすぎない。安倍政権はこの「在宅型テレワーカー」の数を、2020年までに全労働者数の10％以上にするという目標を設定した。この目標を達成するためには、在宅でどのような業務が可能かよりも、在宅ではできない業務とは何かという視点から考える必要がある。

これは第一に、上司が目の前にいないと直接の指示や判断を仰げないという問題がある。しかし、口頭でよりもメールでの指示の方がより明瞭であり業務の効率化に資する。第二に、上司が部下を直接見ていないため、それだけ労働時間の長さよりも仕事の成果の評価が重要となる。第三に、労働時間管理が不明確になりサービス残業が増えるとの批判には、在宅にあるパソコンのアクセスタイムの記録を活用できる。このように考えれば、テレワークの活用を妨げている一つの要因として、大部屋のオフィスで部下の仕事の範囲を明確に定めず、かつ個々の仕事に明確な指示を出せない管理職の存在が考えられる。

テレワークで働く労働者にとっては、在宅での仕事と家事・子育て等の時間の区別が大きな課題となる。現行法の下でテレワークを活用している企業では、在宅での始業時と終了時の報告を求める例もある。しかし、そうしたオフィスと全く同じ働き方の必然性はなく、また在宅労働の優位性を十分に生かせない。その意味ではテレワークの働き方は、専門的な職種でなくとも裁量労働制の対象とみなす必要性がある。

5 労働法違反への監督体制強化を

従来の労働基準監督業務は、危険な作業で労働災害の多い建設・運輸等の産業や賃金の未払いがある中小企業に重点が置かれていた。しかし、今後の焦点となる残業時間の規制対象は、大企業も含む一般の事務所であり、監督の対象範囲が大幅に広がる。労働時間の上限規制が強化されても、それを取り締まる監督体制が整備されなければ絵に描いた餅となる。

労働基準監督官が不足するならその増員を図れば良い筈だ。しかし２０１６年度の労働基準監督官数は全国で３２４１人に過ぎず、ＩＬＯ（国際労働機関）が求める雇用者１万人に１人の最低基準を満たすには約二千人も不足しており、毎年数十人の増員では焼け石に水である。こうした制約の下で、２０１３〜１５年に年平均約13万事業所（全事業所の３％）の定期監督を実施したが、その約7割で何らかの違反事項が認められた。これらの内、労働時間に関わる違反行為の多い商業や接客娯楽業などの小売店・飲食店等の定期監督率は１％強に過ぎない。このように労働基準監督官の圧倒的な不足と検査をすれば高い確率で違反が摘発される状況を放置することは許されない。

このため公務員の定数抑制の大方針にもかかわらず、労働基準監督官だけは過去20年弱に６００人増加したが、同時に労働基準監督署の他の人員数はそれ以上に削減され、全体としては１０

図表4－6　労働基準監督署定員数の推移

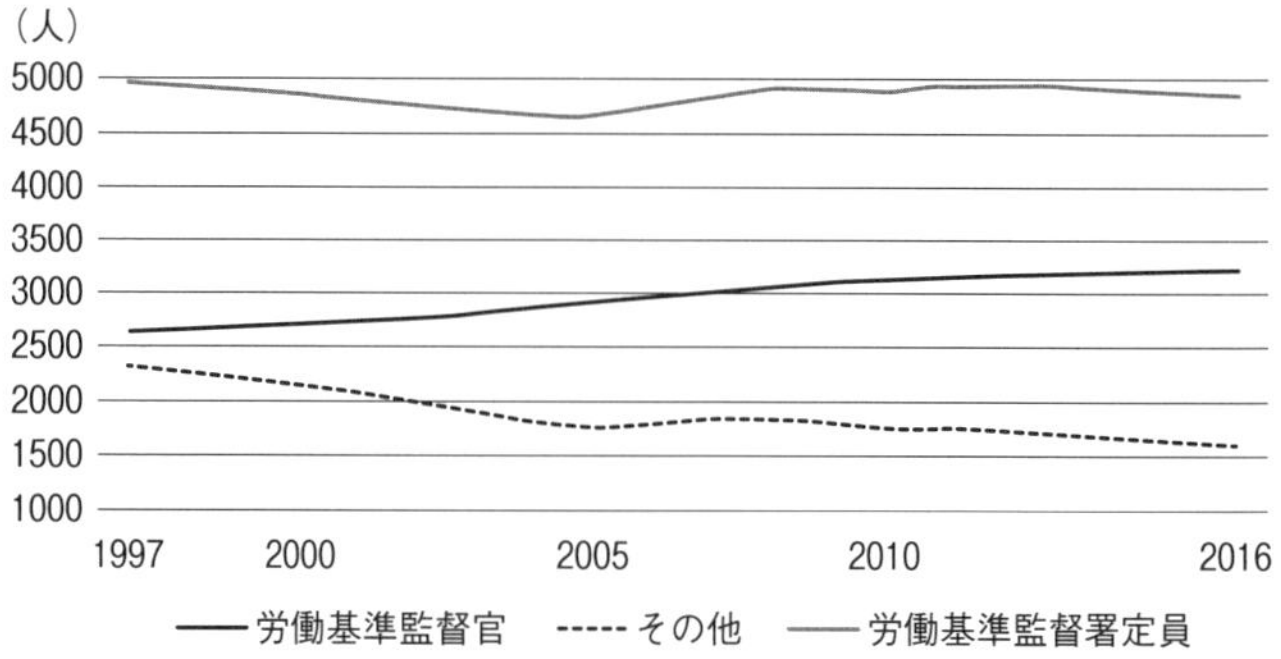

出所）厚生労働省労働基準局

0人弱の定数減となっている（図表4－6）。

労働基準監督署の基準監督官以外の業務は、主として企業の安全衛生面のチェックを行う技官と労災保険事務を担当する事務官がある。これらの業務を行う人員の削減で、それだけ労働基準監督官の業務負担が増えている。もっとも監督官が密接に関連するこれらの業務内容にも精通することは重要であるが、結果的に本来の監督業務にしわ寄せが生じることは避けられない。

公務員の不足は他の取り締まり官庁でも共通の課題である。これに対して警察庁では駐車違反の取り締まり業務の民間活用を、また法務省では民間の警備会社等と共同の刑務所運営など、各々、人手不足を補う知恵を絞ってきた。これらと同様に、労働基準監督官の定期監査の一部を、法律で公務員と類似の権限と義務を与えた社会保険労務士等、民間の専門家に委託することが2017年に政府の規制改革会議から提案され、一定の範囲内での合意が得られた。これは監督官が労働者からの申告にもとづき、より緊急性の高い（労働者の申し立てによる）申告監査に重点を置けるようにすることがひとつの狙いとなっている。監督官の役割は取り締まりだけでなく、賃金や労働時間等、企業に対する労務管理の適切なあり方の指導も含まれ、社会保険労務士の果たす役割と重なる面が多い。これは国税庁と納税の適正化を指導する税理士との関係や、企業会計を監査する会計士の役割とも共通した面がある。こうした労働基準監督業務の民間活用を積極的に進めることを通じて、希少な労働基準監督官の監査の効率化と労働者保護の実効化に役立てるべきといえる。

労働基準監督と職安・雇用均等行政との連携も重要である（北岡 2017）。とくに職安行政では、基準監督で得られた事業所についての情報を共有し、職業安定所における求人の不受理や補助金支給に際しての判断材料として活用する余地は大きい。

第5章　年齢差別としての定年退職制度

人口の減少と高齢化の進展は、多くの先進国に共通した課題となっている。日本では他国と比べた高齢化のスピードが速いだけ、より多くの問題を抱えているが、他方で欧州主要国で問題となっている高齢者の早期退職がほとんど見られないことが大きな特徴である。日本の55～64歳の男性高齢者の就業率は世界でもトップレベルであり、最近に至るまで高い水準を維持している。この日本の特徴をいかによく活用できるかが、活力ある高齢化社会のカギとなる。人口の平均的な年齢の高まりにもかかわらず、多くの高齢者が労働市場にとどまって生産活動に従事し、税や社会保険料を負担すれば、それだけ勤労世代の負担は軽減される。働く意思と能力をもつ高齢者が、個々の能力を十分に発揮しやすい効率的な労働市場へと改革することが、高齢化社会へのもっとも基本的な対策である。

日本の雇用慣行には多くの利点があるが、今後、多様な能力をもつ高齢労働者が増えるなかでの大きな問題点は、その働き方の画一性にある。新卒一括採用と定期的な人事異動、および一定の年齢での定年退職制度等は、その典型例である。高齢者がいつまでも企業内にとどまると若年者の雇用機会が増えず、組織の活性化が進まないといわれるが、それは年功的な昇進の仕組みに大きな責任がある。個人の年齢にかかわらず仕事能力に応じて昇進する仕組みであれば、まだ十分に働ける能力をもつ人材が退職を迫られる必要性はなくなる。そうなれば、同じ仕事能力の個人が、単に60歳の誕生日を迎えただけで強制的に解雇されるという不合理な仕組みも不用となる。

政府の対応も立ち遅れている。今後の人口減少社会の下で、唯一、増え続ける年齢層が高齢者であり、その貴重な人材を有効に活用するための大きな障害となるのが定年制度である。多くの先進国では、すでに定年退職制度が「年齢による差別」として禁止されている。それにもかかわらず政府の高年齢者雇用安定法は、企業に対して65歳までの雇用継続義務を課すことにとどまった。これは定年制という「年齢差別」の根源となっている日本の働き方の改革ではなく、単に問題を5年間先伸ばしする小手先の対策に過ぎない。

もっとも、日本では行政の不作為は司法面からチェックされてきたことが多い。２０１６年に定年退職後に定年前と同一の業務にもかかわらず賃金が切り下げられたことを不当としたトラック運転手の提訴は多方面に大きな反響を生んだ。この同一労働同一賃金の原則が定年退職者にも適用されることを認めた東京地裁判決は、他の先進国と同様に定年制自体の違法性の問題に繋がる可能性がある。

定年退職制は日本の長期雇用保障の「出口問題」であり、その矛盾がもっとも累積して現れる。若年層と比べて労働の質のばらつきの大きな高齢者層に対して、一定の年齢で画一的に解雇するという、欧米での「年齢差別」が、日本では逆に公平な制度と認識されている。このギャップに注目することで、現行の雇用慣行の抱えている基本的な矛盾を明らかにするとともに、「年齢不問（エイジ・フリー）社会」（清家 2000）の実現のための政策的課題について考えたい。

1　高齢者就業の現状

日本の高齢者の就業意欲は先進国の内でもとくに高いことが大きな特徴である。高齢就業者比率（男性、55～64歳）では、諸外国と比べて高い水準で安定して推移している（図表5－1）。これに米国・英国が次いでおり、欧州大陸の就業率はもっとも低い水準にあった。もっとも、1980年代に早期退職制度の導入で、高齢者の就業率が大きく低下したドイツでは、最近になるほど就業率の回復がみられている。これは公的年金の支給開始年齢の67歳への引上げにともない政府が高齢者の就業を積極的に支援していることによる面が大きい。

「高齢者」についての国際的な定義は65歳以上であるが、これはアフリカ等、寿命の短い諸国も含んだ国際連合の定義である。すでに男性の平均寿命が80歳、女性で87歳の日本では、こうした国際標準に拘る必要はない。高齢者の定義は各国の平均寿命に応じて弾力的に考えればよい。例えば、日本老年学会は2017年初に、日本人の体力面の変化から従来の65歳ではなく75歳以上を高齢者と定義することを提案した。

高齢者の定義は、働き続ける意欲と能力とも関連する。高齢者の就業理由では、60～64歳では「所得を得るため」という経済的な要因がもっとも高いものの、65～69歳では、これと「健康維持のため」や「生きがい」等、非経済的な要因がほぼ大差ない水準となる。[1] これは「労働は苦

図表５－１　高齢者の就業率の推移（男性、55-64歳）

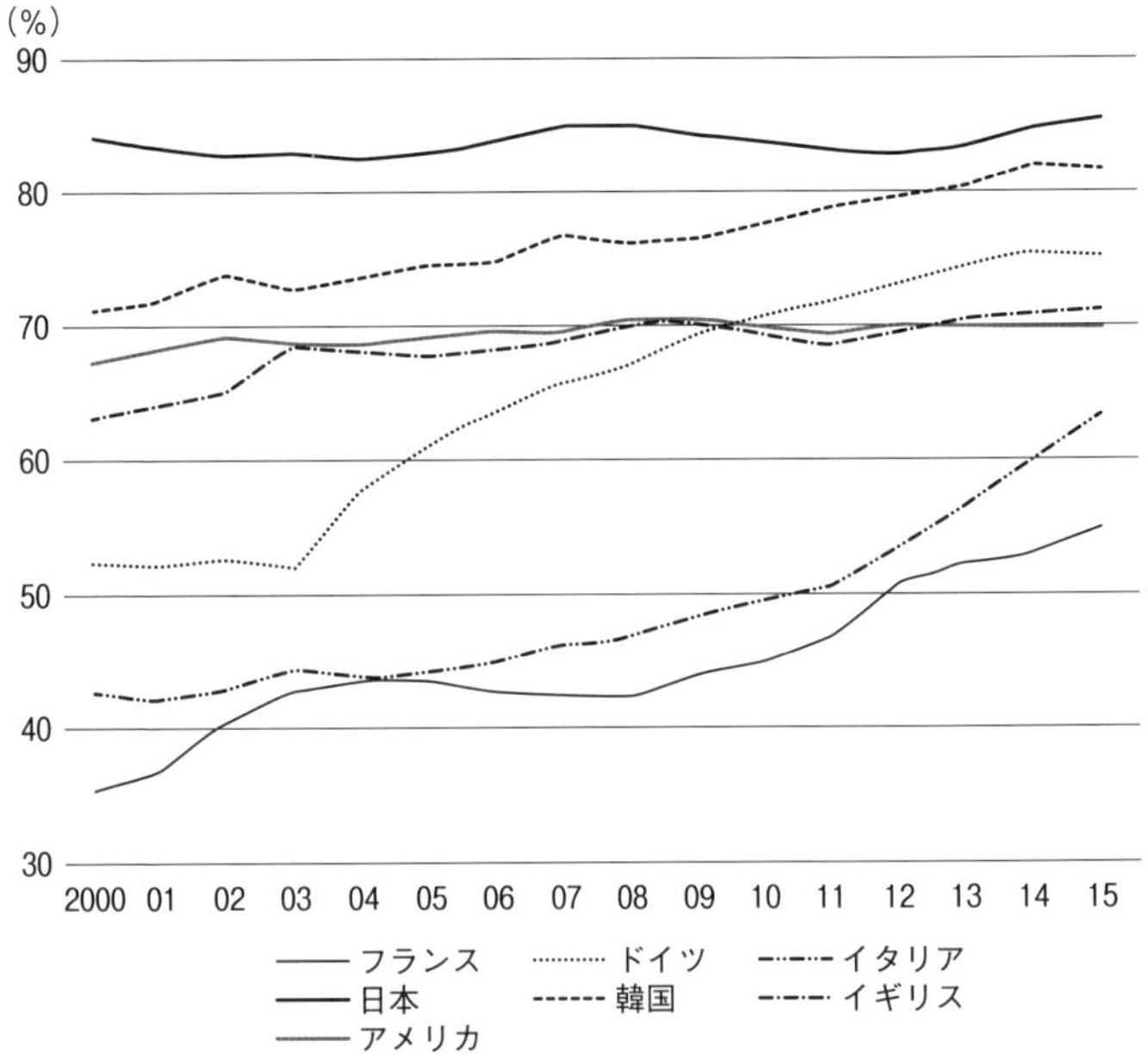

出所）OECD

痛」と考える他国の高齢者との大きな違いである。また、その就業形態もフルタイムよりパートタイムが中心で、従来の家族従業者を中心としたものではない独立自営業の比率も高まっている。これは欧米と同様な傾向であり、会社組織から離れても仕事ができる特定のスキルの形成が重要となる。

エイジフリーの社会へ

今後、高齢者の比率が持続的に高まる日本社会では、年齢に依存した制度・慣行の社会的コストは高まる一方となる。年齢とともに高まる賃金慣行は企業にとってコスト増となり、個人の仕事能力にかかわらず一定の年齢で解雇される定年退職制度と結び付く。逆に一定の年齢から支給される年金保険給付は、高齢者の平均寿命が延びるとともに保険財政が圧迫され、制度の持続可能性が危うくなる。こうした問題を克服する基本的な対策が「エイジフリー（年齢不問）社会」への転換である。

第一に、高齢化社会での年功賃金制度は長期的に維持可能ではない。これを一定の年齢から同一労働同一賃金に移行すれば、個人の年齢にかかわらず働き続けることができ、高齢者の活用にも貢献する。すでに日本の人口が減少するなかで、高齢者層ができるだけ長く労働市場にとどまり、賃金を得れば収入が増えるだけでなく、税や社会保険料を負担することで、事実上、勤労世代と区別がなくなる。

第二に、定年制の廃止である。もっとも、現状の長期雇用保障を維持したままで定年制の廃止は現実的ではない。このためには雇用保障を原則としつつ、仕事能力の不足する正社員に一定の金銭補償付きでの契約解除が可能な諸条件を整備する必要がある（第2章）。現行の正社員の働き方を維持したままで、企業に定年退職後の高齢者の継続就業を一律に義務付ける高齢者雇用安定法や、定年を延長する企業への補助金等の政策は、特定の高齢者への「保護政策」である。それは相対的に高賃金を得ている大企業の労働者にとって大きな利益となる一方、元々、60歳を過ぎても市場賃金に近い水準で働き続けることが一般的な中小企業の労働者との格差をさらに拡大するためだ。

第三に、年金保険財政の安定化のために、その平均受給期間を平均寿命にスライドして引き上げることである。

年金の支給開始年齢の引上げ

高齢化の大きな要因として平均寿命の持続的な高まりがある。２０１４年で65歳時の男女の平均死亡年齢は、84・３と89・２歳であり、過去30年間に男女平均で約５年も伸びている。こうしたなかで平均寿命の伸長に見合って、年金支給開始年齢を引き上げなければ、年金財政が維持できないのは当然である。厚生年金の支給開始年齢は、現在、３年間に１歳のペースで引き上げられているが、これで65歳に到達するのは２０２５年になる。これは日本より平均寿命の短い欧米主要国の67～68歳の水準に比べて立ち遅れている。日本とほぼ同水準の平均寿命の豪州は、２０１４年に70歳への引上げを決めた。これは日本でも目指すべき基本的な目標である（図表５－２）。そのためには70歳現役社会への制度作りが必要であり、そのカギとなるのが労働市場改革である。

年金の支給開始年齢の引上げは、労働者にとって、一見すれば不利のように見えることから労働組合の強い反対に見舞われてきた。現行の厚生年金の65歳支給年齢の引上げも、組合の反対がなければ当初の厚生省案の２０１０年にすでに実現していた筈であった。これはよく誤解されるような現行の年金受給期間の削減ではなく、平均余命の伸長により将来の生涯受給期間の自動的

図表5-2　男性の平均寿命と年金支給開始年齢

	平均寿命	支給開始年齢	平均受給期間	引き上げ時期
日本	80.1	65	15.1	2025
アイスランド	79.9	67	12.9	
豪州	79.5	70	9.5	2035
ノルウェー	79.0	62–75	“4–17”	
英国	78.2	68	10.2	2025
フランス	78.2	67	11.2	2023
ドイツ	77.5	67	10.5	2029
デンマーク	77.3	69	8.3	
米国	76.2	67	9.2	2027

出所）OECD Pension Outlook 2012他
注）ノルウェーは62-75歳の間での選択制で実施済み。

な延長を防止し、後代世代の負担増を防ぐための「中立化政策」である。仮に、平均寿命が伸びる分だけ就業期間も自動的に延長すれば、年金給付の受給期間は短縮化する一方で、保険料の負担期間が延びることで、人口高齢化の保険財政への影響は中立化される。

もっとも、労働者の体力等の衰えから就業継続が困難になり、定年退職と年金受給の時期に差が生じれば、その間は「無年金・無収入」になる。これに対しては、引退時期は変えずに、平均寿命に基づく生涯年金受給額を不変として、年間の年金受給額を減額する選択肢を整備する必要がある。例えばスウェーデンの年金制度では62歳以降の支給開始年齢は定められておらず、個人の自由な選択に委ねられている。

この場合の最大の問題は、高齢者が平均して70歳まで働ける労働市場の形成が可能かどうかである。第一に、働き方改革実行計画では、大企業を中心とした60歳定年と65歳までの継続雇用の組み合わせを、70歳まで延長することが示唆されている。この現行の働き方を単に延長するだけでは改革とはいえない。欧州の一部の国では、年金支給開始年齢より低い定年年齢のみを禁止している国もあるが、これは職種別の労働市場で初めて可能なことで、日本の年功賃金では企業がとうてい負担できない。第二に、現行の高齢者雇用安定法のように、企業の負担で定年退職者の継続雇用を65歳からさらに70歳にまで引き上げることにも、後述のように大きな問題がある。このために、第三の定年前の日本の雇用慣行の見直しを通じて、定年制度が無くとも支障のない働き方に改革することが唯一の道となる。

2　定年退職制度はなぜ必要か

そもそも一定の年齢に達すると強制的に解雇される定年退職制は、米国や欧州主要国では原則として禁止されている。これは、元々、同一労働同一賃金の原則下では、個人の仕事能力に見合った仕事能力が維持されている筈で、さもなければ雇用契約は解除される。それにもかかわらず年齢のみを根拠とする解雇は、人種や性別によるものと同様に、「年齢による差別」とみなされるからである。

これに対して、日本では、年齢という客観的な基準で後進に道を譲ることは、むしろ公平な仕組みと見なされている。これは企業横断的に特定の職種と結びついた仕事能力を基準とする欧米と、特定の企業内の限られた労働者の年齢と結びついた曖昧な能力を尊重する日本の働き方の違いといえる。ここでの問題は、今後、労働市場に占める高齢者の比率が急速に高まる社会では、いずれの働き方が高齢者の活用に資するかという点である。

定年制の仕組みは、個人の現実の仕事能力の差にかかわらず、年齢という画一的な基準で仕事能力が一律に低下したと見なして退職を強制する「統計的差別」[2]である。こうした企業の行動は、その対象となる高齢者の労働者全体に占める比率が高まるほど社会的コストも高まる。むしろ年齢にかかわらず、特定の業務についての個人の仕事能力を判断することで、基準に満たない仕事能力の個人との雇用契約を解消する仕組みの方が、人材活用のミスマッチは小さくなる。

中小企業の働き方を基準に

日本における定年退職制の弊害は、すでに高齢者の活用が進んでいる中小企業では小さく、年功賃金カーブの傾きの大きな大企業や官庁に固有の問題といえる。現に年功賃金の傾きが大きな従業員1千人以上の大企業の93％が60歳定年制を堅持している[3]。他方、そうでない中小企業では、定年制は65歳か、それ自体存在しない場合も少なくない。これは、元々、仕事能力に見合った賃金であれば、企業の方から熟練労働者である高齢者に辞めてもらうインセンティブは小さいためである。

一般に、個人の年齢が高まるほど、その仕事能力にはバラつきが大きくなる。企業内の幅広いポストを経験してキャリアを形成する日本の人事制度のもとでは、勤続年数に比例してより高度な業務へ昇進する仕組みが一般的である。しかし、個々の労働者の熟練度の高まりの度合いは、企業内で受ける訓練の質や、それを受け止める本人の意欲や潜在的能力の差等に大きな差が生じる。この結果、入社当時には小さかった個々の労働者の生産性には、企業内での経験年数が長くなるほどその差が大きくなる。この結果、人事部から見れば、本人に適したポストが見つからず、処遇に困る人材が一定数存在することになる。そうした生産性と比べて賃金の高い社員を無理なく解雇できる唯一の機会が定年退職制度である。

定年制は企業にとって辞めてもらいたい社員を一掃する数少ない機会であるが、同時に必要な社員までも失ってしまうというジレンマがある。このコストは、人事部が割増退職金付きの希望退職を募るリストラ時に、より鮮明に現れる。企業にとって有用な人材ほど、企業外でも高く評価されていることから、希望退職は貴重な人材の流出を促進させる契機となる。定年制もこれと同じ効果があり、市場価値の高い労働者ほど、早期退職制を活用して、より働く条件の良い企業へ移転する場合が多い。

これが個人の年齢ではなく、その職務で給与が決まる職務給であれば賃金と生産性のギャップは小さく、人手不足の下で無理に辞めてもらう必然性はない。年功賃金は一見すると労働者にとって有利な仕組みのようだが、それに見合った生産性の高まりが伴わなければ、企業内で働ける期限が限られるという点ではリスクの大きな働き方といえる。

3　付け焼刃の高年齢者雇用安定法

日本の長期雇用と年功賃金の保障は、法律で定められたものではなく、過去の高い経済成長等の経済社会環境の下で成立・普及した雇用慣行である。もっとも、その程度は、産業や職種、企業規模等で大きく異なっている。それにもかかわらず、政府が企業に対して一律に雇用を強制する制度が、65歳までの雇用を義務付ける高年齢者雇用安定法である。これは新卒時から定年退職時まで雇用が保障される雇用慣行を、法律でさらに5年間延長するという仕組みである。

すでに生じている人口減少社会の下で、労働力需給は逼迫しており、長い仕事経験をもつ高年齢者は貴重な存在となる。元々、年功賃金カーブの緩やかな中小企業では、定年年齢は65歳以上が多く、定年制自体を設けていない場合も多い。人手不足に悩む中小企業では、貴重な高齢者を60歳で解雇するような人材の浪費は許されないからである。この高齢者雇用の確保を政府が企業に対して義務付けることは、事実上、賃金に見合わない働き方の大企業正社員の救済措置であり、労働者間の公平性の点で問題がある。また過去のピラミッド型人口の年齢構成の時代に普及した雇用慣行の改革という、根本的な問題解決を先送りする政策といえる。

この法律では企業に対して、①定年制の廃止、②定年年齢の65歳への引き上げ、③定年退職後の65歳までの雇用継続義務、等の三つの選択肢がある。これらはいずれも65歳までの雇用保障という意味では同じだが、定年延長では、それまでの賃金水準が原則として維持されることに対して、継続雇用では賃金水準を改めて設定できることが大きな違いである。いわば、定年退職を契機に、労働者の同意なしに賃金を大幅に引き下げることを禁止する「不利益変更禁止法理」を迂回できることが大きなポイントである。「高年齢者雇用実態調査（２００８年）」によれば、多くの場合、従前の6～7割程度の賃金で1年契約の雇用を更新する再雇用制度が選択されている。

この法律は２０１３年度に改正され、すべての事業者に対して希望者全員の65歳までの雇用を義務づけた。これは労使協定で一定の基準を定めれば、定年退職後も継続して雇用する労働者を企業が選別できた改正前と比べて、労使が合意した基準を下回る質の高齢者についても企業に対して「社会的責務」として抱え込むことを強制する規制強化といえる。この改正は、事実上、高賃金に見合わない大企業労働者の特権を保護する効果が大きいといえる。

他方で、定年退職後の継続雇用期間は、1年契約を更新する非正社員となることから、企業にとって仕事能力の高い社員を管理職等、責任のあるポストに任用することは困難となる。また、再雇用時の給与水準も低下することから、これを契機に企業が求める専門的な技能を持つ人材が外部に流出し、そうでない社員ほど残留するという早期退職優遇制度と同じ問題が生じる。

この高年齢者雇用安定法が強化された直接のきっかけは、厚生年金（報酬比例部分）の支給開始年齢の65歳までの引き上げであった。しかし、他の主要先進国の支給開始年齢は、すでに67～68歳支給が一般化している中で、世界でもっとも平均寿命の長い日本が65歳でとどめておくことはできず、近い将来、70歳支給が現実的な課題となる。その際に、政府は企業に対して、再び70歳までの雇用継続義務を課すのだろうか。

この法律が施行された場合の影響はどの程度なのか。厚生労働省の「高齢者の雇用状況（2011年）」によれば、現在でも定年年齢に到達した者（43万人）の73・6％が、同じ企業で継続雇用されている。これに賃金等の条件が合わずに継続雇用を希望しなかった者（24・6％）を加えると、基準に満たずに継続雇用されなかった者は7・6万人（1・8％）にとどまっている。もっとも、65歳以上の定年年齢の設定や希望者全員を継続雇用する企業は中小に多く、大企業では2割強にとどまっている。このため相対的に賃金や労働条件の高い大企業を中心に高齢雇用者が増加することで、良い雇用機会を求める新卒採用等への影響が生じる可能性がある。

4 定年退職再雇用者の賃金格差問題

高年齢者雇用安定法では、すでにみたように65歳までの雇用を保障することだけを義務付けている。その場合の賃金や労働条件については労使の協議に委ねられており、事実上の引き下げが容認されていた。定年退職後に契約社員として再雇用された場合に、定年前と同じ業務であったとしても賃金水準が大幅に低下することは、産業や職種を問わず一般的にみられる雇用慣行である。しかし、定年前の正社員とまったく同一の業務を、定年再雇用後に大幅に低い賃金で行うことが「同一労働同一賃金」の原則に反する可能性については、高年齢者雇用安定法に関連してほとんど提起されていなかった。

この伝統的な雇用慣行にはじめて果敢に挑戦したのが長濃運輸事件である。これはトラックの運転手という明確な職務であり、定年前とまったく同じ業務をしている以上、賃金の引き下げは労働契約法（第20条）に反するとした訴えであった。これが東京地裁判決（2016年5月）で支持され、定年前と同じ賃金を支払うことを命じる判決が出されたことから大きな注目を浴びた。

もっとも、同年11月の東京高裁では、この労働者の定年後再雇用の賃金水準は、平均的な企業における低下幅と比較してとくに大幅なものではなく、不合理な労働条件の差とはいえないとして、労働者側の訴えを退けた。その後、最高裁判決を待っている状況にある。この判決文や、それに関する法曹界の評論について、労働経済学の論理を用いると以下のような疑問点がある。

東京地裁・高裁判決の概要

第一に、定年退職制度の意味である。労働契約法20条は、有期と無期契約の労働条件の相違について、①職務内容、②職務内容・配置変更の範囲、③その他の事情を考慮して不合理であってはならないと定めている。企業側の論理は、この規定は定年前の正社員と非正社員についてはともかく、すでに退職金を受け取り雇用契約が解消された定年退職者には当てはまらないという。このため60歳の定年年齢後に再雇用する契約社員については、1年毎の有期雇用契約で継続雇用し、賞与・退職金を支給しない就業規則を定めていた。これに対して地裁判決では、労働契約法では、定年退職者についても同一職務内容であるにもかかわらず賃金の不合理な差は、例外なく容認できないとした。

他方で、裁判官は「賃金コストの無制限な増大を回避しつつ定年到達者の雇用を確保するため、定年後継続雇用者の賃金を定年前から引き下げること自体には合理性が認められる」としている。しかし本件については、「当企業では、定年後再雇用制度を賃金コスト圧縮のための手段として用いなければならないような財務・経営状況に置かれていた証拠はない」として、本件についての賃金引き下げには合理性はないとした。

結局、この東京地裁の裁判官の論理は、当企業はこの労働者を、①定年前と異なる業務に配置して賃金を下げるか、②運転手の業務のままでは、赤字経営になるまで賃金を定年前の賃金に維持するか、等のいずれかでなければならないことになる。

しかし、①については、トラック運転手が現に不足している状況の下で、あえてその能力を生かせない事務作業等に配置転換させることは、社会的な人材の浪費である。また、②の論理は蛇足である。仮に、この企業が赤字経営であったとしても、その際に賃金全体の抑制ではなく、定年退職者のみを狙い撃ちにした賃下げが許容されるとすれば、それこそ労働契約法20条違反である。本来、賃金の公平性に関する裁判に、企業の経営状況判断を持ち込むことは、解雇権濫用法理の連想かもしれないが、やや理解に苦しむ論理である。

これに対して東京高裁判決では、定年退職後の有期による再雇用の場合でも労働契約法20条が適用されるとした点は地裁判決と同じであった。ただ、同一の職務内容か否かについては、その他の事情を含め、幅広く総合的に考慮した判断が必要とした。定年再雇用者の賃金引き下げ自体が不合理ではないことは地裁判決と同じだが、その理由としては以下の二つがある。

第一は、高年齢者雇用安定法により65歳までの雇用が義務付けられていることに関して、「賃金コストの無制限の増大を回避し、若年層を含めた労働者全体の安定的雇用の必要性」をあげている。第二に、賃金引き下げ幅の相場感で、労働政策研究・研修機構の平成26年調査結果によれば、当企業の年収ベースで２割程度の減額幅は、その属する従業員数50～１００人未満の減額率（平均70・４％）よりも少なく、不合理であるとは認められないとした。

上記の東京地裁と高裁の判決は、結論自体は正反対であったものの、その論理構成には共通点が多い。第一は、労働契約法20条は、暗黙の内に職種別労働市場を前提としており、同じ職種なら正社員も有期雇用社員も同一賃金であるべきとの大原則を示している。しかし、真の問題は、トラック運転手という典型的なジョブ型の業務に、年功賃金が適用されていたことにある。これは熟練した運転手を企業内に閉じ込めるために「生涯を通じた後払い賃金（第1章）」を適用したためだ。しかし、それなら定年再雇用後と比較すべき同一賃金水準として、定年直前という労働者の生涯で賃金がもっとも高い時期を選び、それと比較して合理的な賃金差ではないとした地裁判決の妥当性が問われる。むしろ、仮にこの運転手が20歳で入社し、60歳で定年退職したならば、比較対象となるのは40歳前後のトラック運転手の賃金が妥当な水準ではないだろうか。

この点で高裁判決では、同規模の他の企業の賃金相場を考慮し、定年前の賃金と比べて「世間並よりも減額幅は小さい」から合理的な賃金差としたことは、日本社会の常識に沿ったものであった。その反面で、同一の業務内容にもかかわらず「賃金差別を受けている」という労働者の訴えに対して、3割の引き下げなら違法だが2割までなら良いという「相場論」は妥当なものだろうか。仮に「皆がそうしているからそれで良い」という論理なら、人種や性別にもとづく賃金格差も程度の問題になってしまう。

本件を提起した労働者は、定年再雇用後の賃金格差を訴えたものだが、仮に1960年代の米国と同様に、定年退職制自体を「年齢による差別」として提起すれば、結論はともかく東京高裁のような世間相場に準拠した判決理由はあり得なかったのではないか。欧米の職種別労働市場では、人種・性別・年齢にかかわらず、同一の業務を遂行できる労働者を解雇することは差別として禁止されている。しかし、日本の企業別労働市場では多様な業務に対応し、勤続年数に比例して賃金が高まる無限定正社員をいつまでも雇用し続けることはできない。日本の定年退職制は、定年までの雇用保障と一体的なものであることが、人種や性別による差別と同一視できない根本的な理由である。

5　年齢差別をどう克服するか

定年退職制度は、個人の仕事能力に大きな差があるにもかかわらず、一定の年齢に到達することで解雇されることで、高齢者の継続的な就業を阻む大きな要因である。このため米国や欧州主要国では「年齢差別」として法律で禁止されている。これは特定の業務に関して仕事能力が不足する場合には、定年前でも一定の補償金で解雇される欧米の仕組みが前提となっているからだ。日本の長期の雇用保障や生活給制度は、欧米とは異なり、「人に優しい」働き方とされてきた。しかし、その代償として９割以上の大企業の60歳で退職させる定年制度がいぜん堅持されている。この個人の仕事能力の差にもかかわらず、一律に60歳までの雇用を保障し、その年齢で強制解雇する仕組みは、二重の意味での「年齢差別」といえる。

現行の雇用慣行を前提とした付け焼刃の対策ではなく、貴重な高齢労働者の効率的な活用を図るためには、年齢にかかわらず仕事能力に応じた働き方と賃金を受け取れる「年齢に中立的」な雇用システムへの改革が求められる。これは、実は、企業内の賃金と市場賃金の差が小さく、流動的な労働市場の下で、定年制が相対的に大きな意味を持たない中小企業の働き方でもある。

欧米型の「年齢差別禁止」の思想に基づく定年制の廃止を基本的に導入することを前提に、現行の雇用・賃金制度をどう改革するかについて検討を始める必要がある。これは法制面では男女雇用機会均等法の「労働者が性別により差別されることなく」を「労働者が性別・年齢により差別されることなく」と拡大・適用することになる。これは企業にとって大きな負担増と見なされる場合が多いが、現行法でも、例えば転勤を前提とした総合職と、そうでない一般職等、「合理的な理由」があれば、男女間で処遇に差をつけられる。これと同じ基準を、高齢者にも適用すれば良いだけである。

もっとも、性別と年齢とでは、同じ差別であっても大きな違いがある。女性にとって、性別による格差の是正は、無条件に有利なものであるが、定年退職という「年齢による差別」は、年功賃金や（仕事能力に関わらない）長期雇用保障という「年齢による逆差別」の裏返しであり、より複雑である。企業にとって定年制は、長期雇用保障の期限を示すものであり、単に撤廃することを認められないのは当然である。仮に、一定の年齢で仕事能力に関わらない解雇を禁止するなら、他方で使用者による仕事能力の不足にもとづく解雇を容認する必要がある。

仮に、労働者が特定の業務だけを行うことを前提とした雇用契約であれば、それにふさわしい能力の有無は、客観的に判断することが可能となる。しかし、日本企業のように、あらかじめ個人の職務を限定しない契約であれば、使用者は企業内のどの仕事についても、能力が不足していることを証明しなければ解雇できないことになる。職務無限定の働き方では、労働者に配置転換命令に従う義務を課す一方で、逆に使用者も同様の義務を負うことになるからである。

この意味では、日本企業が年齢差別である定年退職制を廃止できないのは、「仕事能力の不足に基づく解雇」が認められないような、包括的な雇用契約をしていることに大きな原因がある。そうした雇用契約が必要であった、高い経済成長の時期が二度と来ない以上、働き方自体の改革が必要な時期に来ていることを意味している。

「40歳定年制」の意味

高齢者雇用を促進するために、定年制の引き上げではなく、逆に引き下げるという「コロンブスの卵」というべき提言がある。この「40歳定年制」を提唱した柳川（2013）によれば、大企業で、①国際化の進展や情報技術の発展等、経済社会環境に大きな変化が生じていること、②それに対応した必要なスキルを習得できない中高年社員と年功賃金とのギャップの拡大、③それにもかかわらず同一企業にとどまり続ける雇用慣行、等の組み合わせが存在する。これらの結果、企業内で長い仕事経験をもつ高齢社員が、その能力を生かすポストがなく、社内失業の状態にある場合も少なくない。

こうした人材にとって、現在の企業内で新しい環境の下で通用する技術を取得するか、それが困難であれば、旧来の技術を求めている中小企業への転職のいずれかが必要とされる。例えば、ベンチャー企業を立ち上げた創業社長が、事業規模の拡大にともない、人事管理や経理などのサポート部門を担ってくれる中堅人材を必要とする場合である。高齢者が長い経験で得た仕事能力と、若年者の新しい情報処理能力とは、代替関係ではなくむしろ補完的な関係がある。また、大企業で得た経験を生かし、高齢者が新しい会社を設立すれば、若年者の新たな雇用を生みだすこともできる。

現在でも、大企業の社員が、60歳前後の定年退職年齢で中小企業に移ることが一般化しているが、転職先からの求めによるよりも、大企業の取引先からの圧力による場合には、単に窓際の場所が移るだけとなる。また、60歳を超えて起業することは容易ではない。むしろ、60歳までの折り返し地点の40歳台での起業や転職であれば、より幅広く、多様な就業機会が可能となるのではないか。これが、高齢者が末永く働けるための「40歳定年制」の考え方である。また、勤労人生の半ばの40歳前後で区切りをつけて、専門職大学院等でスキルアップに1～2年ほど時間と労力をかけ、いわば70歳台まで働き続けるための〝エネルギー補給〟をすることも必要であろう。

この40歳定年制は、単なる雇用流動化論ではない。新卒採用された未熟練労働者が、配置転換を通じて必要なスキルを獲得する20年間は、従来通りに雇用が保障される。そこで形成された多様な経験を生かして、①現在の企業でキャリアアップを目指し無限定で働く、②特定の職種に限定した専門職として働き続ける、③他の企業に転職するか新しい事業を起す、等の多様な働き方を選択する意味がある。これに対して、40歳での定年が法律で容認されれば、労働者にとって雇用延長してもらえず、事実上の解雇と同じになるという懸念がある。しかし、40歳定年は企業にとってのひとつの選択肢であり、現行の60歳定年を維持することも可能である。また、自ら20年間も訓練した貴重な労働力が40歳時点で再契約を求めた場合に、それを拒否するというのは、よほど例外的なケースであろう。

画一的な雇用保障の期間は、新卒採用時から20年位までに短縮化し、それ以降の仕事能力の差が広がる年齢では、能力別賃金や、十分な補償を前提とした雇用契約解消のルールを、労働組合等との合意で定める必要がある。これからの少子・高齢化時代に、企業による60歳までの40年間もの雇用保障の意味は、実質的に失われており、20年間すら確実ではない。これからの企業の雇用責任とは、仮に会社が倒産しても、社員がどこでも働ける能力を身に付けられるスキルを保障することといえる。

高齢者の保護主義の弊害

団塊の世代が退職年齢を超えた現在、定年制による人材浪費の弊害は、ますます大きくなっており、定年前の雇用管理と一体的な見直しが必要とされる。元々、雇用保障は、個人の職種や働き場所等に関する企業の幅広い裁量性と一体的なものであり、過去の高成長の時代に形成された慣行が低成長期にもそのまま維持されている。今後、共働き世帯が傾向的に増えるなかでは、働き方についての企業の裁量権を一定の範囲に抑制することへのニーズも高まっている。また、従来型の人事部による新卒採用だけでなく、部署別の専門的能力を持つ中途採用の必要性もある。いずれも定年までの雇用保障の正規社員と短期の非正規社員との中間的な雇用契約を法的に整備する必要があり、そこでは個人の仕事能力への評価は不可欠となる。

働く能力と意欲のある高齢者が働き続けて、より多くの所得税や社会保険料を負担することは財政収支の改善を通じて、企業や勤労世代の負担軽減に貢献する。1980年代の独仏で実施された若年者の雇用機会増加を目的とした高齢者の早期退職政策が、そのために企業が負担する社会保障費用増を通じて、若年者も含めた雇用機会をむしろ抑制したという経験からも、高齢者の労働市場参加は社会全体にとって望ましい。

他方で、それを高年齢者雇用安定法のような「高齢者の保護主義」で実現しようとすれば、それは保護貿易と同じ弊害を生むことになり、仕事能力が不十分な正規社員の既得権をさらに強めることになる。高齢者も含めた幅広い人材活用のためには、企業に高齢者の雇用保障を法律で義務付けるのではなく、年齢差別としての定年制自体を不要なものとするための雇用の流動化のための改革を目指すことが必要となる。

注

(1)厚生労働省「高年齢者の継続雇用等、就業実態に関する調査」

(2)個人の能力が不明な場合に、その個人が属する社会集団（性別、人種、宗教、学歴等）の平均的な能力水準で判断する行動をいう。これは同じ集団のなかで能力に個人差が大きければ、判断される側にとっては差別の一種と考えられる（八代 1980）。

(3)厚生労働省「就労条件総合調査2014年」

第6章　女性の活用はなぜ進まないか

「女性の活用」は、男女雇用機会均等法の成立以来、日本の社会政策の大きな柱のひとつに掲げられてきたものの、いまだ十分な成果は達成されていない。２００３年の男女共同参画会議では、「社会のあらゆる分野で２０２０年までに指導的地位に女性が占める割合を30％以上に引き上げる」目標が設定された。この目標はアベノミクスの成長戦略でも再度掲げられたが、途中で立ち消えとなってしまった。このように女性の活用を目指した目標が腰砕けとなるのは、その政策の考え方に根本的な誤りがあるためではないだろうか。それは現行の男性世帯主を暗黙の前提とした長期雇用保障・年功賃金の働き方のままで、男性と同じように働くことのできるキャリア女性を育てるという発想法である。

これは「女性管理職が少ないのは、そもそも管理職候補の年齢層に女性が少ないためであり、とくに個々の女性を差別しているわけではない」という経営者の論理にも反映されている。ちょうど「非正社員の賃金が低いのは、正社員と比べた勤続年数が短く熟練度が低いためで、同一労働同一賃金の原則には反しない」という論理と、多くの共通点がある。いずれも特定の企業内で労働者の勤続年数が長いほど生産性が高く、それに見合って賃金の水準や管理職に登用される比率も高いことが当然という考え方にもとづいている。しかし、経済活動の国際化が進み情報通信技術の普及が著しい今日のビジネス活動では、長年の仕事経験の価値が陳腐化するリスクも大きい。特定の企業での勤続年数という従来の基準だけに依存しない、多様な働き方への評価が欠けているためで、女性管理職の不足はその一つの現象にすぎないといえる。

これとは逆に、女性の管理職への登用を、企業の利益をある程度まで犠牲にしても仕方のない「企業の社会貢献（ＣＳＲ）」と誤解している経営者も少なくない。しかし、人口が持続的に減少し、専門的な技能をもつ人材不足がより深刻となる今後の社会で、人口の半分を占める女性人材を有効に活用できていない企業経営には、それ自体に大きな問題がある。経済社会環境の変化に十分に対応していない現行の働き方の歪みが、非正社員比率の高まり、慢性的に長い労働時間と並んで、女性の管理職比率の低さにも現れている。逆に、女性にとって働き易い職場環境は、質の高い若年男性や高齢労働者、および外国人等の人材を惹きつけることで、企業の長期的な利益にも貢献する。

本章では、日本企業における女性管理職比率の低さは「女性問題」ではなく、むしろ「男性問題」の反映であるという視点で考える。以下では、女性の就業状況や男女間の雇用・賃金格差と、その基本的な要因としての長期雇用・年功賃金の働き方、およびそれを踏まえた政策対応の在り方、等に分けて考察する。

1　女性就業の現状

戦後、日本の女性就業率の推移をみると、１９７５年までの低下局面と、その後の上昇局面に分かれるが、ここでは統計上のバイアスに注意する必要がある（図表６－１）。最初の局面での

図表6－1　女性の労働力率の推移

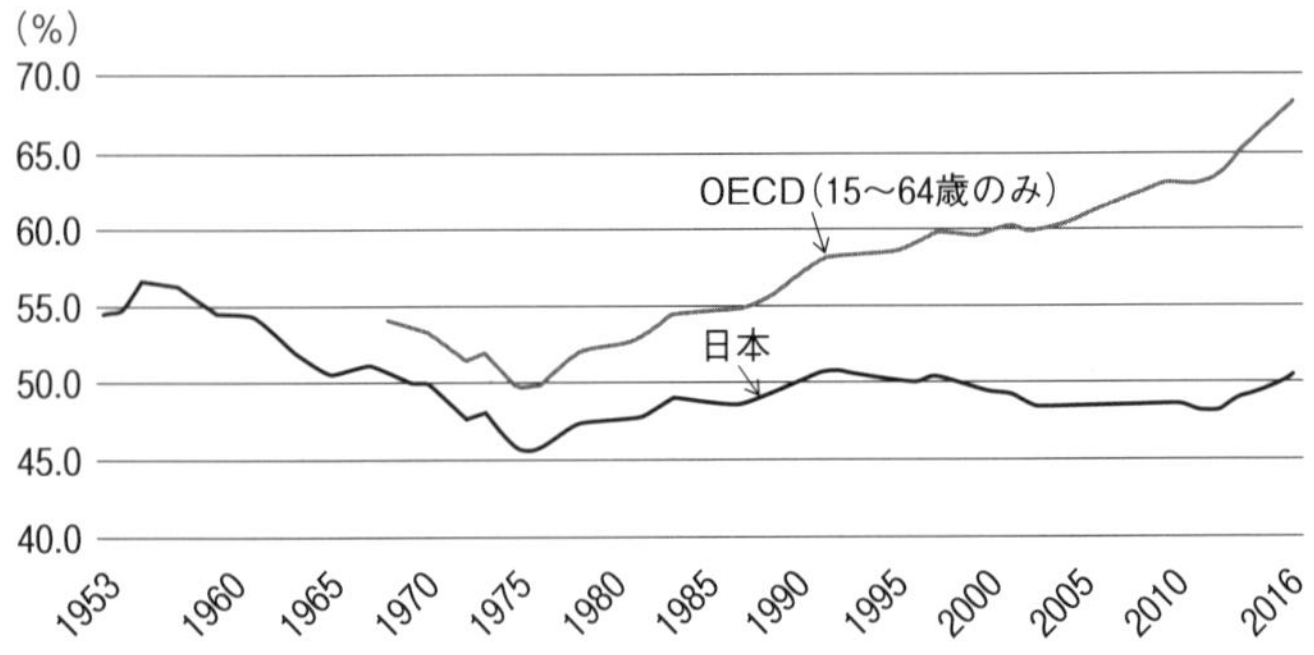

出所）労働力調査により作成

就業率の低下は、農業や小売業の自営業で親や夫と共同で家族従業者として働いていた女性が、世帯主がサラリーマン化した就業構造の変化で専業主婦となり、労働統計上では非労働力化したと見なされるためである。この流れが一段落する一方で既婚女性の就業者が増えるとともに、全体の労働力率が高まっている。もっとも、政府の労働力率の統計では女性について1990年以降には50％前後で推移しており明確な上昇傾向は見られない。これは日本の労働力率の定義（労働力（就業者＋失業者）／15歳以上人口）では、分母に平均寿命の長い女性の高齢者が急速に増え、分子の女性就業者の増加を相殺してしまうためだ。このため本来の女性の就業動向を見るためにはＯＥＣＤの定義による国際標準の労働力率（15〜64歳の労働力／人口）が望ましく、この基準で見れば、最近になるほど急速な高まりがみられる。

女性のM字型の就業パターン

女性の働き方は、仕事と家事・子育ての場が一体化している家族従業者では大きな問題にはならない。また、高校や短期大学卒業後、会社等に勤務するものの、20歳代後半期には結婚して退職する専業主婦でも同様で、子育て期以降にパートタイム等で就業した場合も、職場では男性の補助的な役割にとどまっていた。これに対して女性の高学歴化の進展や専門的なサービス職種が拡大するなかでフルタイムで働く女性が増加し、仕事と子育ての両立が大きな社会的課題となっている。これは日本の企業内での働き方が、専業主婦の全面的なバックアップの下で、長時間労働や頻繁な配置転換・転勤が可能な男性を暗黙の前提としているためである。こうした専業主婦付き男性と対等な形で競争する共働きの女性は、すでに子供が生まれる以前からハンディキャップを負っているといえる。

日本では、子育て期の女性の就業率が落ち込む「M字型」の就業パターンが、いぜんとして健在である。もっとも、このM字型の底の部分が最近、急速に押し上げられていることから、いずれ他の先進国のように消失すると言われる場合がある（図表6－2）。しかし、それは女性の就業継続と子育てとの矛盾が、必ずしも解消する方向に向かっていることを意味しない。なぜならM字型の就業パターンは、男性と同様な「釣り鐘型」の未婚女性の就業パターンと、既婚女性の右上がりのパターンとの加重平均の結果である（図表6－3）。最近の25～39歳女性の就業率上昇に寄与した要因は、主として既婚女性の就業率上昇によるものであるが、元々、就業率の高い

図表 6 - 2　女性のM字型就業率の推移

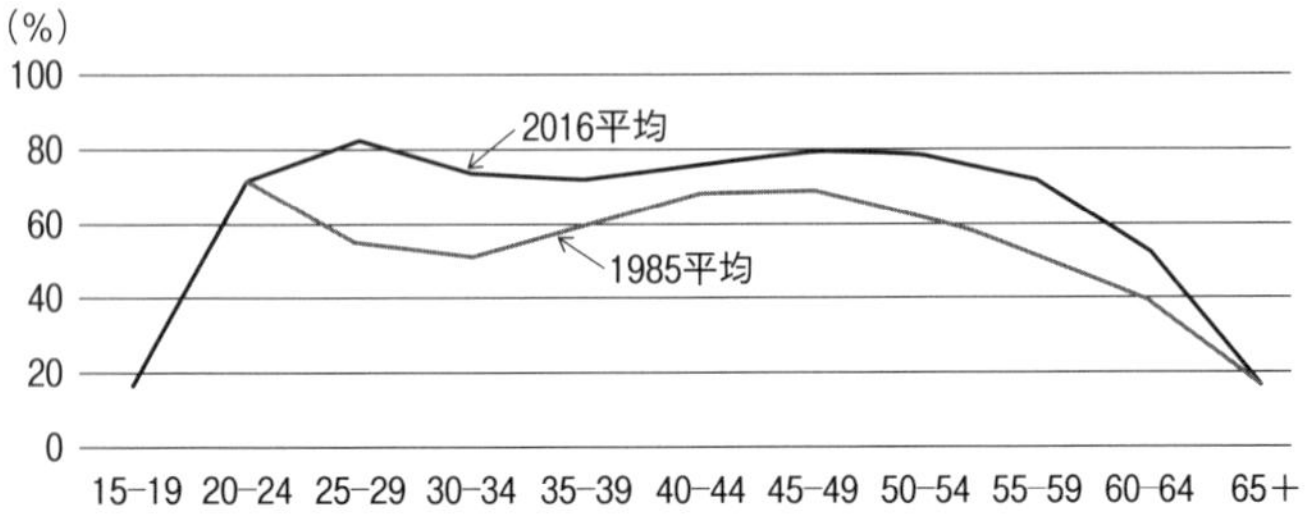

出所）総務省「労働力調査」

図表 6 - 3　未婚・既婚別女性の年齢別就業率

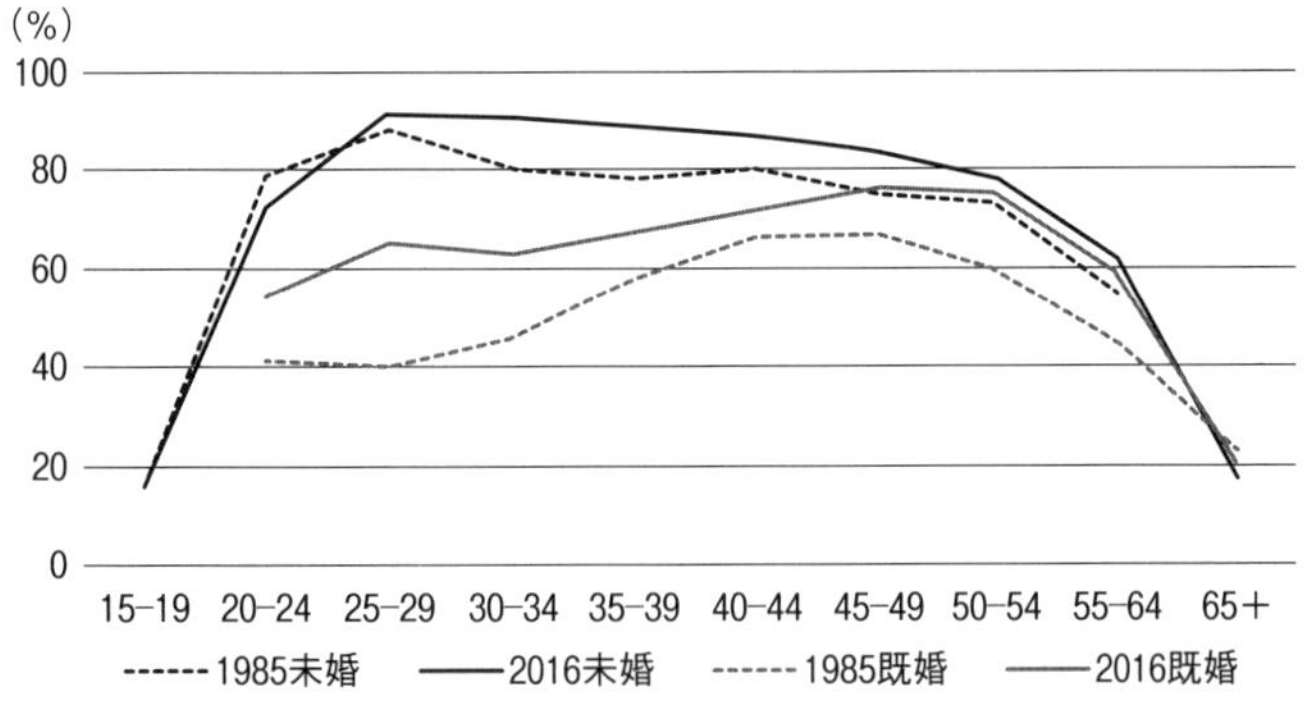

出所）総務省統計局「労働力調査」

未婚女性比率の高まりによる面も3割程度は寄与している。こうした女性が結婚をあきらめてキャリアを追求しなければならない状況は、少子化の進展という、より深刻な状況をもたらしている。先進国の内で、日本と比べて女性の就業率と出生率がいずれも高い国は、米国、英国、仏、北欧諸国など少なくないことから、日本も働き方の改革次第で女性の結婚の有無がそのキャリア形成に影響しない状況をもたらすことは十分に可能と言える。

2　夫婦共働きという働き方を基本に

「妻子を養える生活給を」というのが労働運動の決まり文句であった。過去の高い経済成長期には、女性は25歳頃から結婚退職し、家庭で家事・子育てに専念することで夫の仕事を支えることが一般的であった。家族の生計費に見合って高まる年功賃金や配偶者手当も、企業が世帯主労働者に対して、その全ての時間を企業のために費やせるように、実質的に配偶者も含めて雇用しているというイメージとなる。また、政府も所得税の配偶者控除や社会保険の扶養者控除等で、やはり専業主婦付き世帯主を支援してきた。この安定的なライフサイクルモデルが変化するのは、1990年代初期以降の経済成長の大幅な減速期からである。

1970年代までは、女性が結婚後も就業を継続するのは、多くの場合、世帯主の収入が少ない家族であり、その所得水準が高まるほど既婚女性の就業率は低下していた（ダグラス・有沢の法則）。しかし、最近になるほど、もはや両者の間には明瞭な関係は見られず、世帯主の賃金水準に関わりなく女性の就業率は高まっている。この結果、1980年には共働き世帯の倍弱の水準にあった1100万超の専業主婦世帯数は、2016年には700万世帯弱と傾向的に減少しており、この傾向は今後とも持続するものとみられる（図表6－4）。

図表6－4　専業主婦と共働き世帯の推移

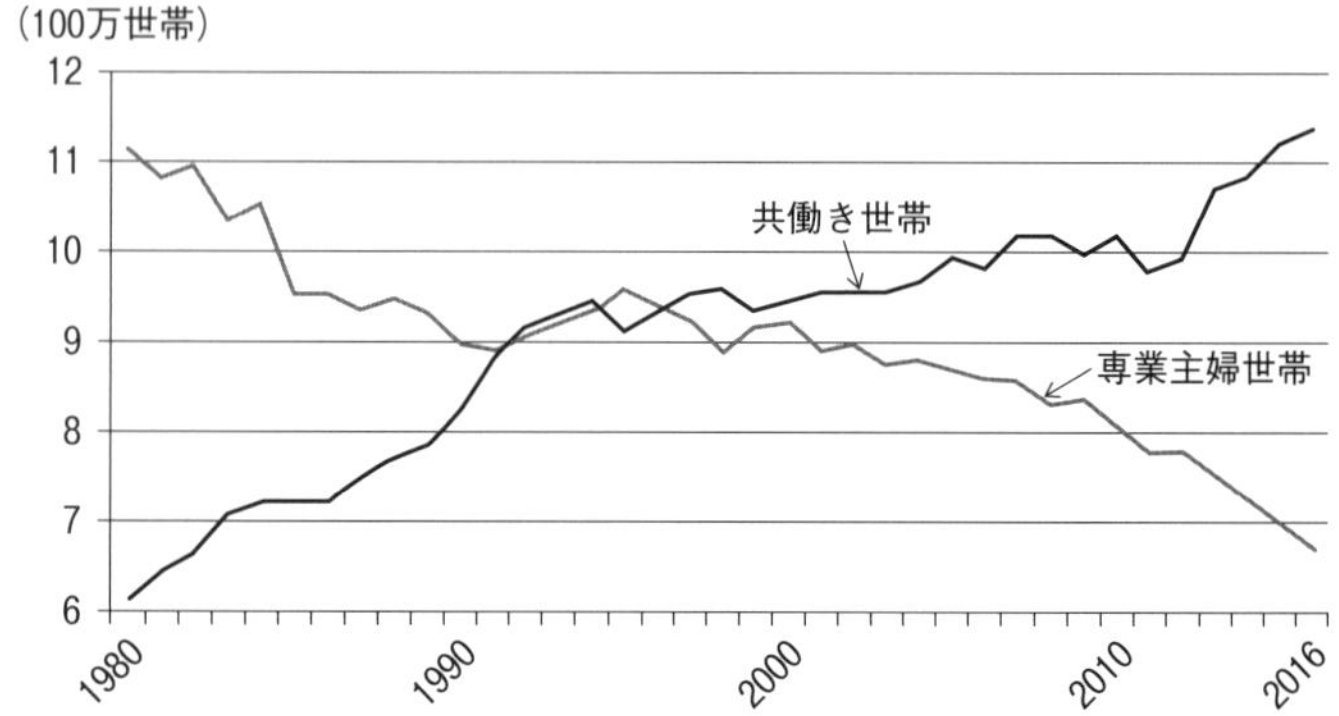

出所）総務省「労働力調査」

こうした状況の下で、仮に「妻子を養える賃金」の正社員同士が結婚すると、合わせて4人分の生活費を受け取ることになり、世帯ベースの所得格差を拡大させる要因となる。現実には正社員同士の結婚はまだ少なく、家計調査ベースでは、配偶者の所得は平均して世帯主の3割強に過ぎない。しかし、それでも夫婦の所得を合わせると夫のみが働く専業主婦世帯よりも26％高い水準となる。このため共働き世帯の方が家計の消費水準も高く、とくに教育関係費に多く使っている。いわば平均賃金が伸び悩むなかで、世帯主に配偶者の所得を加えることで、過去の高成長期の高貯蓄・高投資の生活パターンをある程度まで維持している。今後の少子・高齢化社会で、豊かな専業主婦世帯を維持することは、よほど世帯主が高い賃金収入を得ない限り苦しいことになる。世帯主の給与のみで生活できる「生活給」を要求するよりも、夫婦が共に働き、共に家事子育てができる働き方を標準的なライフスタイルとすることが、より現実的な方向となる。

3　男女間賃金格差の現状と要因

日本の男女間賃金格差は１９７６年の59％から２０１６年の73％まで持続的に縮小している。これは１９９０年代後半以降、女性賃金が緩やかに上昇した半面で男性賃金が低迷したためである。この背景には、すでに第1章でみたように、もっとも賃金水準の高い中高年層の賃金抑制で男性の年功賃金カーブのフラット化が影響している。

もっとも、他の先進国での男性に対する女性賃金の比率は、職種別賃金の米国、英国、独、仏等では80％台前半（２０１５年）であり、彼我の差はいぜんとして大きい。国際比較でみた男女間の賃金格差の大きな要因としては、平均勤続年数と管理職比率の男女差がある。もっとも、管理職になるためには一定の勤続年数が必要となるため、勤続年数の差がより根本的な要因といえる。ここで日本女性の平均勤続年数は９・４年と欧州主要国と大差がない水準である。これに対して日本男性の13・５年は突出した長さとなっており、この男女間の勤続年数の差が管理職比率と賃金水準の差に結び付いている（図表６－５）。なお、これは日本と同様に賃金格差の大きな韓国とも共通している。

図表6－5　男女間格差の国際比較（2015）

	管理職比率（%）	平均勤続年数（年）	
		女性	男性
米国	43.6	4.0	4.3
スウェーデン	39.5	9.1	8.8
英国	35.4	7.8	8.3
仏	31.7	11.5	11.3
独	29.3	10.2	11.1
日本	12.5	9.4	13.5
韓国	10.5	4.6	7.1

出所）労働政策研究・研修機構「国際労働統計」

女性の活用に不可欠な雇用の流動性

このように、国際的に特異な日本の働き方は、女性よりも男性の方であると考えれば、日本の男性の働き方を所与として、それに女性を合わせようとする政策の妥当性が問われている。例えば女性の就業を支援するために、育児休業期間の3年間への延長や、子育て期の短時間正社員の期間延長策が唱えられている。しかし、これらは、あくまでも現行の固定的な雇用慣行を前提として、共働き世帯の女性が、専業主婦付き男性と同じ働き方をすることを通じて、管理職への昇進を目指すことの支援策といえる。また、女性が子育ての生産性が高い幼少期には家庭にとどまり、子どもがある程度の年齢になってからフルタイムで働くという選択肢は極めて困難であり、再就職の場合には、未熟練のパートタイムの職に就かざるを得ない現状を暗黙の前提としている。

他方で、男性が女性よりも特定企業への定着率がはるかに高いことが男女間の管理職比率の差の要因であれば、逆に、男性も女性も転職することが一般的な働き方のグローバルスタンダードになれば良い。そうすれば、男女間での管理職の差は小さくなる。これは日本の外資系企業では、相対的に女性管理職の比率が高いことにも裏付けられる。

過去の高い経済成長期には、既存社員の不足を埋めるために、中途採用が活発に行われた。今後の低成長の下でも労働供給の減少による労働需給のひっ迫から、正社員の中途採用機会が増える可能性がある。そうなれば、仮に、子育てや転勤等のために、一時的にキャリアを中断した女性にとっても、過去の就業経験を生かして専門職に再就職する機会は増えることになる。これを促進させるためにも、特定の企業内部で、どのような業務にも原則対応できる従来型の正社員だけでなく、特定の職務や地域に限定した正社員の働き方を労働契約法上に位置付けることが有用となる。こうした働き方が普及すれば、男女にかかわらず雇用の流動性は高まり、労働者にとっても特定の企業に拘らない就業継続が可能となる。

「社会の指導的地位にある女性比率の30％目標」は、単に企業や官庁の女性の管理職比率の名目的な引上げという目標に矮小化してはならない。社会の指導的地位の人材の内で、女性の比率が1割に過ぎないことは、何らかの社会制度の歪みの結果といえる。これは、いわば病気の際にでる熱のような症状の一つに過ぎず、熱を無理やり下げても、それで病気自体が治るわけではない。例えば、国会議員の女性比率が低いのも、業界団体の関係者が出馬する場合が多いためで、代わりに女性のタレント議員を増やすことでは、問題の解決にはならない。

仮に、管理職が一つの職種であることが徹底化されれば、それに拘る必要はなく、専門職や研究職に占める女性比率で代用することも可能である。重要なことは、企業組織内部での年功的な昇進の仕組みだけに拘らず、「専門家としての管理職」の人材を、企業外からも幅広く募集すれば、それだけ男女にかかわらず優れた管理職が求められる。

今後の労働力が確実に不足する少子高齢化社会では、性別や年齢にかかわらず、働く能力と意思を持つ者には、十分に働いてもらわなければならない。そのためには、①慢性的な長時間労働や転勤の抑制、②子育て等で就業を中断しても容易に復帰できる流動的な労働市場が不可欠である。専業主婦世帯と比べて、夫婦二人が共に所得を持つ家族が標準となれば、雇用保障の持つ意味も変化する。これは、現行の無定限な働き方の代償として雇用保障と年功賃金を得ることが、唯一の「良い働き方」という論理に対する代替案となる。

女性の管理職比率引上げの意味

一般に女性の管理職比率が低い日本の企業では、その積極的な登用が、企業経営のダイバーシティの推進に好影響をもたらすことは良く知られている。世界的に活動する多国籍企業では、販売先の国や地域の人種、宗教、性別、年齢層等のウェイトに応じた多様な人材を社内に確保し、多くの顧客を獲得することで企業の成長につなげるという考え方が一般的である。しかし、日本では購買者の多くが女性である商品やサービスでも、男性の管理職が大部分なことがこれまでの常識であり、彼我の格差は大きかった。こうした世界標準の仕組みを日本で普及させるためには、「企業の経営者や社員の意識改革」が必要なことが、決まり文句となっている。

しかし、個人の「意識改革」という便利な表現は、しばしば「現状の制度は変えなくとも良い」と同じ意味で使われ易い。しかし、「何が人々の意識を決めているか」を曖昧にしたままでは、それを「どう変えるか」という戦略を導くことが、とうていできない。国でも企業でも、人々の意識を変えるには、それを支えている制度を変えるのが基本である。例えば、喫煙者だけでなく周囲にも被害を与えるタバコの害を防ぐには、100の説教よりも、それに課される税金を引き上げ購入を自発的に抑制させるか、あるいは飲食店等を原則禁煙として、物理的に吸えなくさせることがもっとも有効な手段である。

これと同様に、女性管理職を増やすには、何がそれを妨げている要因かを分析し、それを取り除くことが基本である。女性の管理職が増えれば、人々の意識は自然に変化するが、その逆は困難だからだ。女性の管理職が少ないことの主因は、①長期継続雇用を前提とした年功的な内部昇進の雇用慣行、②長時間労働や頻繁な転勤等の働き方が共働きの女性の就業継続を困難にして中途退職を促しやすいこと、③専業主婦世帯を優遇する税制や社会保険制度と子育てや介護を家族の基本的な責任としている社会制度の残存、等がある。これらの「男性が働き、女性が家庭を守る」という、過去の高い経済成長期に成立・普及した働き方を暗黙の前提とした制度や慣行が、夫婦共働き世帯にとっての子育ての両立を困難にしている大きな要因となっている。今後、人口の減少と高齢化が進むなかで、貴重な女性の労働力の量的な増加だけでなく、その質的な向上をも妨げている社会制度や慣行を改善することは、政府の基本的な責任といえる。

これに対して、長い時間をかけて築かれてきた日本の雇用慣行に対して、政府が直接的な介入をすべきではないという「労使自治の原則」の考え方がある。しかし、「契約自由の原則」をもっとも尊重する米国でも、政府が例外的に労働市場に積極的に介入する場合がある。それは「差別禁止」という大原則に使用者が反した場合である。米国では人種・宗教・性別等による雇用・賃金の差別には、厳しい罰則が課されており、日本では問題とされていない定年退職制についても、「年齢による差別」として禁止されている。こうした「差別」という「社会的公害」の是正のためには、政府の介入が必要なことは、経済学の入門書にも明記されている基本的な原則である。

そのためには、まず、以下のように、政府自体が暗黙の内に行っている「性別による差別」の廃止・改革が必要とされている。

4　女性が働くと損になる仕組みの改革

第一は、国の所得税制における配偶者控除と年金・医療・介護保険の被扶養者制度である。これらは家事・子育てに専念する専業主婦をもつ世帯主を保護することで、その時間をもっぱら会社のために費やすことを奨励する日本企業の働き方を、政府が支援していることを意味している。この結果、政府による保護を受けている専業主婦が働きだそうとすると、そうした特典が次々に失われることで、「働くと損をする」インセンティブが生まれる。

これは、第一に、所得税の配偶者控除であり、一定所得水準（年間103万円）以下の配偶者を扶養している場合に、その世帯主の所得から年間35万円が控除される。この所得控除の意味として税制調査会では、「世帯主の所得が同じであれば専業主婦を扶養する世帯の担税力が低いため」と説明している。これは家事・子育てに専念して世帯主を助ける主婦の無償労働の帰属価値を無視したもので、いわば子どもと同じ扱いをしていることになる。他方、米国の所得税制では、世帯収入が同水準であれば、配偶者が働いている世帯の方が、専業主婦の働きがない分だけ様々な費用が掛かるとして「共働き控除」を設けている。どちらがより合理的な考え方であろうか。

第二に、年金・医療・介護等の社会保険料にも扶養者制度があり、一定所得水準（年間130万円）以下の配偶者は保険料を免除される一方で、被保険者と同じ給付を受け取れる。これを厚生労働省は、「配偶者の保険料は世帯主保険料に含まれる」と説明している。しかし、世帯主の保険料はサラリーマンの場合に、その賃金水準だけで定められている。単身者か既婚者か、また配偶者が専業主婦か共働き世帯かとは無関係であり、こうした論理は詭弁と言える。働く既婚女性が過半数を占める今日、こうした家族単位の税・社会保険制度を見直し、配偶者が働くか、働かないかに無関係の個人単位の制度に移行する必要がある。なお、そうした場合に、専業主婦世帯にとっては「負担増」という批判があるが、それはこれまで他の世帯にフリーライドしていた部分が顕在化するに過ぎない。専業主婦を扶養する世帯主は、その婚姻費用の一部として配偶者の社会保険料も合わせて負担することが求められる。

第三に、遺族年金も専業主婦世帯の大きな特権である。世帯主に扶養されていた主婦は、世帯主の死亡後に、その厚生・共済年金（基礎年金部分を除く）の3分の2を遺族年金として受給する仕組みとなっている。これは生涯にわたって保険料を納付した単身者と比べても公平とは言い難い。基礎年金部分は夫婦間で分割されている以上、本来は上乗せの報酬比例部分も生前から分割しておき、その配偶者分を遺族年金に代えるべきであろう。

このように専業主婦に手厚い税・社会保険制度は、それが少数派になるほど社会的公平性が問われるようになる。また、労働力が不足する社会で専業主婦が働くと損をする仕組みは労働市場の効率性にも反している。これは生活保護の受給者が、就労して賃金を得ると、従来、受け取っていた保護費を減らされることで、働く意欲が阻害されることと同じメカニズムである。

これらの専業主婦を保護する国の制度と整合的な企業の仕組みが、多くの大企業が維持している配偶者（家族）手当である。これは全体の7割の企業で実施され、その水準は大企業平均で月1・3万円となっており、ボーナスや退職金の水準を引き上げる大きな要因となっている。この配偶者手当は、どのような意味で支給されているのだろうか。

仮に、配偶者手当が専業主婦の内助の功で世帯主の生産性が向上し、企業への貢献度が高まることへの報酬であるなら、それは成果主義賃金を徹底することで、十分に反映される筈である。また、逆に、世帯主が働かない専業主婦を持つことで余分の生活費を必要とすることへの「補償」の意味とするなら、それは配偶者の家庭内労働への貢献を無視しており、いわば子どもと同じ扱いをしていることになる。さらに、専業主婦の子育てへの貢献に対応するとすれば、それは共働き世帯でも同じであり、配偶者の働き方にかかわらない「子ども手当」とするべきである。

配偶者手当は、男女の別なく支給され「形式的には平等な制度」となっているが、事実上、男性配偶者が受け取るケースはほとんどない以上、男女雇用機会均等法に実質的に反する仕組みといえる。これは、例えば仕事の内容と関係なく、一定以上の身長を採用条件に含めることが、平均的に身長の低い女性に対する「実質的差別」と見なされるのと同様である。

企業が配偶者手当を有しているか否かは、株主にとっても、経営者の企業改革への意識の高さを図るための絶好のリトマス試験紙となる。仮に、人件費全体から見ればわずかな額であるとしても、労働者の企業への貢献と直接関係のない過去の賃金制度を漫然と維持している人事部であれば、より緊急で重要な改革も怠っている可能性が大きいからである。もし、企業に女性の管理職比率の開示を求めるなら、あわせて配偶者手当の有無も加えることが望ましい。

ここで、トヨタ自動車が２０１６年１月から、戦後以来継続されてきた家族手当を段階的に見直すことが報道された。現行制度では配偶者が専業主婦の場合、月１万９５００円の手当が支給されるが、新制度ではこれを廃止して、代わりに子ども手当を現状の４倍の月２万円に、いずれも段階的に額を変える仕組みである。仮に子どもは1人いれば損得なし、2人以上で家族手当が倍増することになる。就業する可能性が小さい子ども手当は、就業調整のおそれはなく、また少子化対策としても貢献する。

5　ワーク・ライフ・バランスと矛盾する日本の雇用慣行

すでにみたように、正社員の雇用安定と年齢が高まるとともにその必要に応じた生活給を保障する日本の雇用慣行は、その代償として、慢性的な長時間労働や頻繁な転勤等の無定限の働き方とパッケージの雇用契約である。こうした正社員の無定限の働き方を支えるために不可欠な存在が、世帯主を支え、家事・子育てに専念する専業主婦である。この意味で「男性は仕事、女性は家事」の性別役割分担は、日本的雇用慣行を支える根幹ともいうべき前提であり、この問題を避けたままで女性の活用を論じることはできない。

家族に1人の働き手しかいない場合には、その雇用保障は最優先となるが、それは企業が保障してくれる。家庭の外で働き所得を得る世帯主と、家族の世話をする配偶者との役割は相互に補完的であり、世帯主の残業時間が慢性的に長くとも、家事・子育てを任せられる配偶者がいれば安心である。急に転勤命令が出されても、サラリーマンの宿命として世帯主の赴任先に家族も同行するのが普通であり、社宅では会社単位でのコミュニティーが形成されていた。

しかし、女性の本格的な社会進出で、夫婦が共に働く世帯が増加すると、家族の生活にも大きな変化が生じる。家族に2人の働き手がいて共に正社員であれば、夫婦の関係は補完的よりも代替的な面が強まる。とくに女性の場合には、ゆったりと残業して仕事をこなす同僚をしり目に、保育所に子どもを迎えに行くためには定時に退社しなければならない。残業が多いことよりも、むしろ「残業ができない」ことがストレスとなり易い。また、とくに社宅にでもいれば、「働く主婦」はコミュニティーのルールを破る異分子であり風当たりも強い。なかでも共働き世帯にとって最大の問題は、夫婦いずれかへの転勤命令である。転勤は企業内の配置転換を通じて熟練を形成するための重要なプロセスであり、地方の支店や工場で管理職としての経験を積んで本社に栄転するキャリア形成には不可欠である。また、玉突きのプロセスのため、個人の都合を聞いていては成り立たない。このため、単身赴任で家族が分散したり、または妻の方が会社を辞める場合も少なくない。

女性活用の指標としての第1子出生時就業率

しばしば育児休業期間の長さやその取得率が、企業の子育て支援への熱意の指標として用いられる場合が多い。女性の育児休業取得率は80％台で推移しており、最新の2015年度で84％（男性は4・4％）となっている。この内、法定の1年半が85％を占めている。この期間を例えば3年にまで延長する案もあるが、他方で、長過ぎる育児休業は、その終了後の職場への復帰を困難にするとの批判もある。いずれにしても、子どもの病気等、子育ての真の負担は、育児休業後に職場に復帰した後に始まることから、予め育児休業を取得せず第1子の出生を契機に離職する女性の比率は47％といぜんとして高い水準にある。この内、正社員は30％と低いが、派遣・パート等の非正社員では75％と高水準にある（内閣府 2016）。この内には、いずれにしても出産を機に退職する者も含まれるが、他方で25～39歳の女性の非労働力人口に占める就業希望者の比率が39％と高いことを考慮すれば、子どもが生まれたことでやむを得ず就業を中断した女性比率はかなり高いことが見込まれる。

子育て後も継続就業する比率を高めるためには、①育児休業後の子どもを受け入れる保育所の整備、②短時間正社員制度の普及、③在宅勤務の選択肢の拡大、等が指摘されている。この内、短時間正社員や在宅勤務は、限られた時間内に特定の業務を行う業務補助型になる場合が多い。その場合に、継続的なＯＪＴを重視する日本企業では、子育てが一段落した後で、本来の業務に戻れる保証はない。この点、職種の範囲が明確であり成果主義の外資系企業では、例えば営業職の「フロント・オフィス」と、それを支援する「バック・オフィス」との間を自由に行き来できる場合が多いことと対照的である。

ワークシェアリング

仕事と子育ての両立の手段のひとつとして、一つの仕事を複数の労働者で分けるワークシェアリングがある。これは職種別労働市場が普遍的な欧州では、長時間労働の仕事を複数の短時間労働者で賄っている。オランダでは、ワークシェアリングが良く機能しているといわれるが、これは同じ職務であれば、フルタイムとパートタイム労働者の時間当たり賃金が等しく定められているからである。他方、年功賃金の日本では、同じ業務でも勤続年数の違いで賃金に大きな差が生じるため困難となる。既にみたように、雇用保障が最優先の働き方となる日本型雇用では、生産量の変化に対して労働時間を調整弁に使うことから、元々、短時間勤務とは整合的でない。

しかし、今後の長期的に労働力の供給制約が厳しくなる日本の労働市場では、従来の一人の労働者が、特定の企業内で多様な業務を行う日本型の働き方だけでは不十分となる。むしろ、特定の業務を複数の企業で行う兼業や副業を幅広く容認する仕組みが必要となる。この場合には、短時間や短期間勤務が主流となることから、それを複数人で組み合わせるワークシェアリングへの需要も期待できる。これは女性にとって働き易い仕事環境となろう。

第7章　人事制度改革の方向

本章では、これまでの章で検討した政府の労働市場改革と対となる企業の人事制度改革の方向について考える。日本の正社員の働き方は、慢性的な長時間労働や頻繁な配置転換・転勤等、無限定な働き方の代償に、長期の雇用・賃金の保障を受ける包括的な契約である。この働き方を暗黙の前提とした従来の法制度を、女性や高齢者が増える今後の労働市場に対応するための改革がようやく進み出した。これは新卒採用から定年退職時までの、ほぼ社員の生涯を通じた人事を集権的に管理する、日本の人事部のあり方の改革にも結び付いている。日本の大企業では新卒未熟練の労働者を一括採用する人事部の権限がきわめて大きい。これが専門的な仕事能力を有する労働者を企業の部署単位で重点的に採用する欧米の企業と比べた著しい特徴である。この人事部のあり方は、今後の企業経営のガヴァナンスにも大きな影響をおよぼすものといえる。

仮に政府の同一労働同一賃金法が施行されれば、現行の年功昇進・賃金体系との矛盾は避けられず、いずれ類似の業務を行う社員の間の賃金格差についての説明責任が人事部に求められる。また、残業時間の上限を制限し罰則でこれを担保する労働基準法の改正案も、２０１７年秋の臨時国会に提出される。今後、増えることが見込まれる職種・地域限定正社員も、すでに人事部が直面している大きな課題である。

さらに高度プロフェッショナル制度など、労働時間の長さではなく仕事の成果にもとづく働き方が増えると、それだけ人事評価の重要性が高まり、そのためにより多くの時間とコストをかける必要がある。これは直属の上司だけでなく、さらにその上司も含めた多段階評価であり、その評価内容が透明で納得性の高いものでなければならない。今後、人事評価の軸となる管理職の役割はいっそう重要となり、その負担も重くなる。管理職ポストを、現行のように長期勤続者への「処遇」としてではなく、専門的な「職種」のひとつとして位置付けなければ、個別労働紛争の増加は避けられない。

安倍晋三政権の働き方改革は、経済成長戦略の大きな柱として、長年の日本の労働市場の課題を解決することを目指したものである。それがどこまで実現するかはともかく、そうした「外圧」に頼らず、企業自身にとっての合理的経営のために人事制度の速やかな改革を進める必要がある。

1　日本の人事部の特徴①

日本の大企業では、人事部は強大な権限を持っている。大会社では、企画、営業、経理、調査・分析等、専門的な業務に係るサラリーマンの人事管理は、原則として未熟練の新卒者を人事部が一括採用し、企業内の各部署へ配置する。また、社員の多くが定期的な配置転換の対象となり、業務上の訓練を継続的に身につけることにより、多様な熟練度の社員を計画的に育成する方式をとっている。

これは人事部を介さずに、個々の部署の責任者が部下のポストに空席が生じるごとに、それに見合った専門的な能力を備えた人材を中途採用する欧米企業の方式と対照的である。もっとも、同一企業内に適任者がいれば、あえて外部から採用する必要はないが、その場合でも空きポストへの応募は社員の自由意思で決められ、人事部の指令によるものでないことが日本との大きな違いである。

配置の柔構造と仕事競争モデル

この人事部の権限の大きさは、日本の雇用契約のあり方が、特定の職務に縛られない「配置の柔構造（熊沢 1977）」にもとづいているためである。これは社員の職務範囲が仕事マニュアルで明文化されており、いわば機械の部品のように組み合わせられている欧米の働き方に対して、日本企業では個人の職務範囲が弾力的で、いわば軟体動物のように柔軟に変化する。これは課長とその部下のようなタテの関係や、ある課長と隣の課長のようなヨコの関係で、優れた仕事能力の社員が他人の職務範囲にまで進出することは珍しくない。職務範囲が明確な欧米企業では、こうした越権行為は許されないが、それは各人が決められた業務に見合った能力を持っていることが前提となるためだ。しかし、長期雇用保障の下で、仕事能力に差のある社員を多く抱えた日本の企業組織が円滑に働くためには、高い仕事能力の社員が他の社員の分までカバーすることが暗黙の前提となる。

これに対して「同じ給料なのに他人の仕事の分まで働くのは損」と考えるのは近視眼的である。

日本企業の長期的な熟練形成の過程では、より良い訓練を受けられる「質の高いポスト」を何回経験するかが長期的に大きな意味をもっている。他人の分まで仕事をこなせる優れた社員と見なされれば、それだけ重要なポストに配置され易い。そこでは社内の優れた人材が集まっており、貴重なロールモデルとなる上司・先輩社員に出会うことができ、それを活用して自らの能力をさらに高めることができる。

逆に、たまたま能力の低い課長の下に配属されても、昇進の道が閉ざされるわけではない。その場合には、課長の権限の一部を事実上横取りすることで、その仕事を代行すれば、やはり貴重な管理職としての経験を積むことができる。そうすれば自分が課長のポストについた時には、初めて課長の仕事をする同期よりも有利なポジションに立てる。この高い賃金のポストではなく、同じ賃金でもより質の高いポストをめぐる「仕事競争モデル（Thurow 1975）」は、日本の大企業や官庁等について良くあてはまる。

濱口（2009）では、こうした特定の職務を単位として働くことを明確に定めた雇用契約の下で、その範囲内の業務について労働者は一定の労働の義務を負う半面、使用者は働かせる権利を持つ、いわば機械の部品のような働き方が「ジョブ型」と定義される。他方で、こうした職務概念が特定されず、具体的にどのような業務に従事するかは使用者の命令次第で決められる融通無碍な仕組みを「メンバーシップ型」と定式化した。日本的雇用慣行の三本柱といわれる、長期雇用・年功賃金・企業別組合は、実はこの軟体動物型の働き方を支える道具に過ぎない。

この使用者の裁量性が高いメンバーシップ型の働き方は、過去の高い経済成長の下で企業の組織が持続的に膨張した時期には良く機能した。特定のポストでは使えない社員も別のポストで活用できる場合も多く、他人の分まで働く優れた社員には十分に報いることができた。しかし、その後の経済成長の大幅な減速や、働く時間に制約の大きな共働き社員の増加等、経済社会環境の変化の下では、大きな見直しが求められている。

もっとも欧米企業のジョブ・マニュアルにもとづく働き方でも、労使合意の下で必要に応じて柔軟に変更することは可能である。他方、日本の無限定な働き方でも、経理畑・営業畑・人事畑等の大まかな枠組みもできはじめている（佐藤 2017）。その意味では、過去の成功体験に囚われずに、各部署と協力して分野を限定した採用人事や働き方を拡げていくことが、今後の人事部の大きな課題ではないだろうか。

人事部の採用権限の各部署への委譲

一般に、企業内部での人材配置は人事部等の権限と指令にもとづいて行われる点で、賃金の高い職に能力の高い人材が集まる価格メカニズムに依存した外部労働市場と基本的に異なるというのが「内部労働市場（internal labor market）論」である。[(2)] しかし、同じ企業内の労働市場でも、日本型の人事部による集権的な人事管理方式と、欧米型の各部署や個人の自由な取引を容認する方式とでは大きな違いがある。

この優劣はブルーカラーとホワイトカラーとで異なる。工場労働のように、主として高校卒の社員に、職種は異なっても比較的均一的な働き方を求めるのであれば、その熟練形成には新卒一括採用が適している。しかし、特定の分野に特化したホワイトカラーの専門職的な働き方が必要な部署では、企業内の幅広い配置転換にはプラスだけでなくマイナス面もある。また、修士・博士号等のアカデミックな資格や他社での就業経験が有益な場合も少なくない。この場合、人事部が見込んだ平均的に優れている社員よりも、各部署の責任者が自ら欲しいと考える、やや特別な能力をもつ人材を直接採用する方が職場でのニーズとのミスマッチは少ない。

他方で、部署ごとの職種を限定した採用する方式の大きな問題は、仮にその部署がリストラでなくなったり、他と統合されて働くポストが失われた場合に、必ずしも雇用を保障できないことである。これは職種を限定しない日本型の正社員の場合なら、他のポストに配置転換することで雇用は保障される建て前となっていることとの大きな違いである。しかし、こうした「雇用が保障されるか、されないか」という従来の基準よりも、「平均値から外れた人材でも採用されるか、されないか」の方が、今後はより重要ではないか。

これは企業外部の労働市場の流動性の大きさとも関連する。同一労働同一賃金の職種別労働市場が発達している欧米の労働者であれば、他の会社への転職は比較的容易であるが、日本のような企業毎に分断された労働市場では離職のリスクは大きい。しかし、「それだから日本では雇用の安定が最重要」との現状維持的な思考にとどまるか、それとも日本でも「雇用の流動性を高めるために何をすべきか」を考えるかが、人事部の判断の大きな分かれ目となる。

これまで労働市場の流動化が進むことは、「企業の得、労働者の損」というイメージが強かったが、今後の社会ではむしろ逆になる可能性が大きい。例えば、サラリーマンの意識を国際比較した研究では、東京と比べて雇用の流動性の高いロスアンゼルスのサラリーマンの方が、(嫌な職場なら辞めることが容易なため)仕事の満足度が高いという結果もあった(渡辺 1999)。人口の長期的な減少は、労働市場の需給関係で労働者の「売り手市場」となることを意味する。特定の企業内で有効な熟練度合いの大きな工場労働者と異なり、多くの事務労働者にとっては、「職人」としてのスキルを確立できる労働市場の方が、むしろ雇用保障の面でも有利な状況が強まっているのではないだろうか。

企業の雇用責任は「日本の文化」であるという論者もいる。しかし、戦前の日本の労働市場は、職人を中心とした働き方で雇用の流動性は高かった。これが現行のような企業単位の労働市場に変化したのは戦時体制の産物であり、それが戦後の高い経済成長の下で、企業組織が持続的に拡大したことから特定の企業に依存した雇用保障方式への信頼性が高かったことがある。今後の低成長期・人手不足社会では、特定の企業だけに自らの雇用保障を委ねる働き方は、むしろリスクが大きくなっている。

地域・職種限定正社員の活用

これは政府内で検討されている「地域・職種限定正社員」と共通した面がある。現行法制の下でも、職場を通勤が可能な範囲の地域に限定することや、人事部等、特定の部署に限定して採用する仕組みは十分に可能である。しかし、社員にとって通勤が容易ではない長距離の支所への転勤や、慣れない部署への配置転換を断わる権利を保障することは、企業にとって人事の裁量性を低下させることから、仮に事業所が閉鎖された場合に、そうした社員に対して転勤・配置転換を行う義務を免除されなければ公平な人事管理は行えない。また、従来型の働き方に制約のない正社員と比べて管理職としての経験等に差が生じることから、年功的な賃金も適用されない。その場合には、フラットな職種別賃金のために、従来型の正社員と比べて生涯所得に大きな差が生じる可能性がある。

一部に、仮に特定地域の事業所が閉鎖されれば、地域・職種限定正社員であっても、企業に対しては雇用保障の義務を課すべきとの主張もある。しかし、基本的なキャリア形成のやり方に差がある以上、そうした事情にもとづく働き方の転換を、企業に義務付けることは困難であり、かつ労働者間の公平性にも欠ける。特定の職種・地域での働き方の保障と特定企業内での雇用保障とは、社員が自ら選択すべきもので、両者の良いとこ取りは許されない。

日本の大企業では、これまで新卒一括採用で無限定の働き方が大部分であり、特定の部署で採用される専門職は少数であった。また、特定の業務しか行わない働き方は、もっぱら雇用の保障が不要な契約社員や派遣社員が大部分となっていた。しかし、部署別の採用人事では、「尖った人材」の採用が可能なことが大きな利点となる。これは特定の職種ではきわめて有能であるが、他の部署では活用でき難いため正社員としての採用から外れていたような人材である。現在、企業活動のグローバル化等への対応から、企業人材のダイバーシティー化が求められているが、これを現行の正社員の画一的な配置転換と両立させることは困難である。むしろ雇用保障にコミットしない職種限定の正社員の比率を高めることが、性別・年齢・国籍を問わず、人材の多様化を進める切り札となろう。

これは地域限定正社員についても同様である。日本では「転勤はサラリーマンの宿命」とされているが、住宅の移転をともなう配置転換のコストは社員だけでなく、その家族にとっても住み慣れた地域社会を離れるという生活上の大きなコストをともなう。また、それ故に、家族を残して世帯主だけが転勤する単身赴任も増えており、全国で75万人、既婚世帯の2・4%（2015年）が家族の別居を強いられている（**図表7－1**）。こうした業務上の命令で、社員の意思に反して住む場所を変えなければならないことは、欧米の労働組合ならとうてい容認しないであろう。そもそも、そうまでしてなぜ転勤を何回もしなければ、正社員として昇進できないのだろうか。

ひとつの仮説は、本社での管理職になる前に、仮に失敗しても弊害の小さな支社や子会社のワンランク上のポストに出向させ、経験を積ませることがある。しかし、これは本社から順番に管理職が送り込まれることで、支社の社員は本社の社員に従属する「身分格差」を植え付けるもの

図表７－１　単身赴任者と有配偶世帯に占める比率

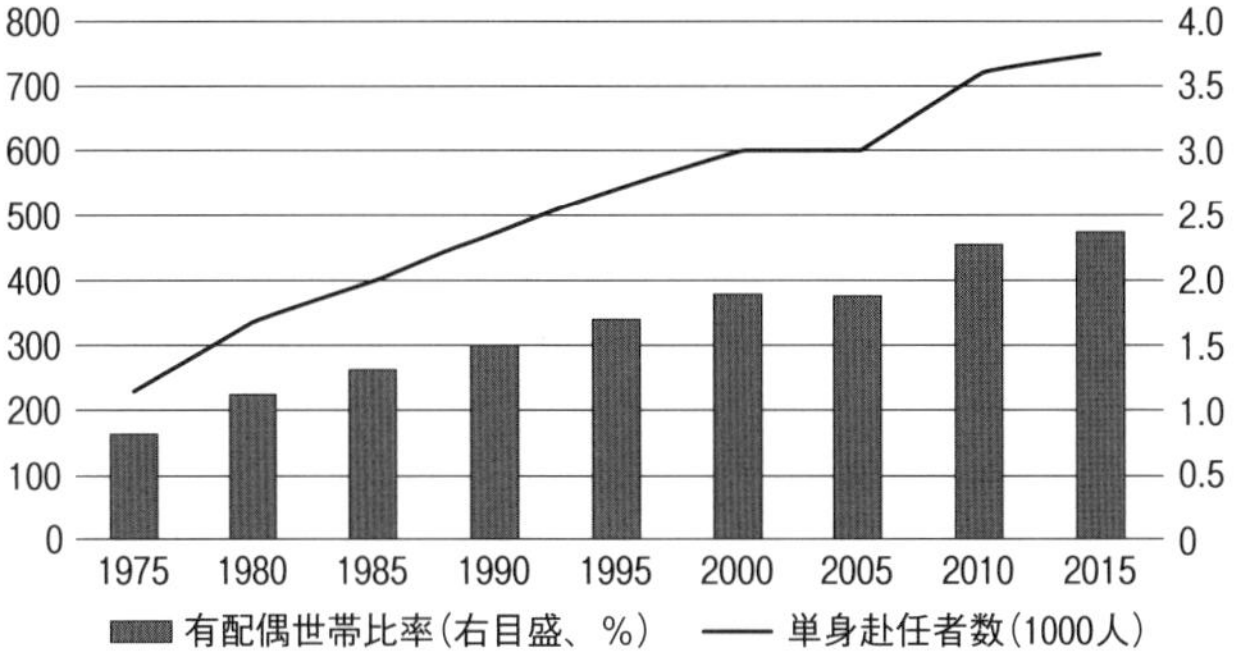

出所）国勢調査

となり、働く意欲へのマイナス面が大きい。また支社の経営に問題があった場合、トップが数年毎に代わるなら、その改革が先送りされるという問題もある。これに対して欧米の大企業では、子会社に本社から独立した自由な経営で利益を上げさせ、それを大株主である本社が配当や株式の値上り益等を通じて吸い上げるという、本来のビジネス関係にあることが大きな違いといえる。

しばしば非正社員との賃金格差を正当化する理屈のひとつに、正社員には「転勤のコスト」があり、それを補償するために有期雇用の社員よりも賃金の上乗せが必要とされるというものがある。しかし、これは転勤が昇進のために必要なコストであれば、昇進しない有期雇用の社員と比べて二重計算になる。また、「残業時間が長い社員ほど会社に貢献している」という理屈と同じで、あくまでも機械的に評価できるインプットの指標に過ぎない。直接、仕事のアウトプットを適正に評価し、転勤なしでも仕事能力等に優れた社員の成果に報いることが、人事管理の本筋である。

過大な企業内訓練の弊害

日本の大企業では、毎年、大勢の未熟練の新卒者を正社員として受け入れている。これは企業内で長期にわたる業務上の訓練を通じ、熟練社員に育て上げるキャリアパスを重視しているためである。しかし、それには育成するために先輩社員の費やす時間コストも大きい。欧米の企業のように、社内の空きポストにそれに適した人材を公募で採用した方が訓練費用を節約できるのではないか。この疑問に対しては、以下のような説明がある。

第一に、中途採用で得られるのは、どの企業でも共通した汎用的な仕事能力をもつ労働者だけで、自らの企業に愛着や忠誠心を持ち、どのような社内の業務にも対応できる「企業特殊的訓練」は、新卒採用でしか身につけられない。これは先輩から後輩へ代々受け継がれていくノウハウや仕事の流儀等の「暗黙知」であり、日本企業の強みといわれる。これが短期的な利益を追求するために、業務のアウトソーシングや派遣社員の増加等で失われていくことへの懸念もある。確かにこうした生え抜きの社員特有の「社風」とは、細かい指示なしに全員が最適な行動をとり易いという点で大きなメリットがある。しかし、社員間の過度の同質性は、企業を取り巻く社会環境が変化した際に、それへの適応を困難にするディメリットと隣り合わせでもある。国際化、高齢化、情報技術化等の大きな変革の時期には、社員の多様性（ダイバーシティー）が何よりも重要となっており、日本企業にとっても、人事部を介さない中途採用の重要性はますます高まっている。

第二に、工場労働については、同じ製造業でも自動車と造船では必要とされる技術は全く異なる。しかし、事務部門の経理や調査・研究分野では、どの産業でも共通した業務を行う場合が多いにもかかわらず、大企業では各社ごとの固有の事務処理のソフトを活用している場合が多い。これに習熟することが企業固有の熟練になるが、他方で中小企業では一般的に使われている市販の経理用等の汎用ソフトであれば企業一般的な熟練になる。仮に企業経営上の必要性ではなく、長年勤務した社員の雇用を守るために、企業固有のソフトに固執するのであれば本末転倒となる。

第三に、労働者の離職率が高まれば、企業が自らの費用で労働者を訓練するインセンティブが失われるといわれる。しかし、労働者が自らの費用で専門的資格の取得等の企業一般的訓練を取得した場合には、それに見合った昇給を保障すれば良い。また、社員の勤務実績に応じて外部での訓練機会を企業が無償で提供するなどの手法は、外資系企業でも行われている。

社員が与えられた仕事の質を、自らの意思で高めることへのインセンティブは、企業に対する忠誠心にもとづくだけでない。現在の企業で高い実績をあげることは、より良い転職先を目指す場合にも重要である。社員の忠誠心は、しばしば、自己評価での仕事の成果に見合った処遇が受けられないと、それだけ大きな不満に結びつき易い。他方で、自らの市場価値を高めることを目指した社員の努力の成果は、より客観的なものである。「（主観的に）会社のために働く」よりも、「自らの利益のために働く」ことが、結果的に会社のためにもなるというのが、より市場原則に沿った働き方といえる。それに見合った処遇を行うことで、貴重な社員を自社内に引き止めることができる。そのためにも効率的な人事評価システムがより重要なものとなる。

既にみたように、日本企業の新卒採用から中高年に至るまで、ほぼ個人の生涯を通じた業務上の訓練は、過去の高い経済成長期に物的・人的資本への投資が高い収益率を生んでいた時代に形成・普及した仕組みである。これを1990年代初からの1%台の経済成長率の下でも、そのままの形で維持すれば、当然、過剰な投資となる。しかし、多くの大企業では、この社員への教育訓練投資を抑制せず、従来の働き方は変えないままで、その対象となる正社員の比率を引き下げるという手法を取ってきた。このため、雇用と賃金は保障されるが過去の高成長期の無限定な働き方を強いられる正規社員と、雇用が不安定でフラット賃金の非正社員との二極分化が生じている。こうしたなかで、今後の低成長時代に見合った新しい人事管理への移行が求められている。

2 政府の働き方改革への対応

政府の働き方改革の三本柱として、同一労働同一賃金、残業時間の上限規制と高度プロフェッショナル制度、個別解雇紛争の金銭的解決等の三つがある。いずれも労使代表の抵抗でさまざまな留保条件が付けられているが、それで一安心するのではなく、今後の労働市場の長期的な方向と考え、整合的な人事管理改革を考える必要がある。もっとも、これらは独立のテーマではなく、「適切な人事評価」というキーワードで互いに結び付いている。

同一労働同一賃金の原則

同じ仕事をしていれば同じ賃金という基本原則は、具体的な仕事に賃金が結び付いている職務給を前提としている。しかし、職務の内容が曖昧な日本企業の働き方では、まず何が「同一労働」であるかの基準を明確にする必要がある。ここで業務上の訓練を通じて熟練を形成する日本の働き方では、「同一労働」の概念について長期的な視点が必要とされるとして、政府の働き方改革ガイドラインに既に予防線が張られている。例えば、「販売等の現場で具体的な業務を学ぶキャリアコースの正社員の賃金は、それを指導する立場の非正社員の賃金より高くても良い」としている。もっとも、これでは単に現行の年功的な昇進・賃金を正当化・踏襲しているだけであり、同一労働同一賃金ガイドラインの名に値しない。

本来の同一労働同一賃金原則であれば、たとえキャリア形成目的の研修であっても、同じ業務を本業として行う社員と同一レベルの賃金でなければならない。一時的に低賃金であっても、多様な経験を身につけ、本来のキャリアパスに戻った後に、昇給で報いれば良いだけだ。また、そもそも、将来、自分が多様な業務の社員の人事を管理するために、それらの仕事をすべて自ら経験しなければならないかは甚だ疑問である。日本の製造業では、ブルーカラーとホワイトカラー社員の間に欧米企業のような身分格差がないことが大きな強みのひとつとなっている。しかし、互いの役割分担も大事であり、例えば製造業の大企業でキャリアコースの大学卒社員が、工場の生産ラインで実際に働くことは危険な場合もあり、また現場の工員にとっては迷惑なだけで、どれだけの意味があるのだろうか。

同一労働同一賃金の欧米の労働市場でも、経験年数に応じてより高い職務給のポストへの昇格は可能である。他方、日本の年功賃金も、その本質は「機械的な年功昇進」の結果である。ここに人事評価との組み合わせで、昇格の前提となる「仕事の成果」を綿密に検討することで、同一労働に見合った賃金か否かを判断する必要がある。

有期雇用の無期転換義務への対応

すでに第3章でみたように、2013年度の改正労働契約法で、それ以降の5年を超える継続的な有期雇用契約には、労働者の求めに応じて無期雇用への転換義務が課せられている。これに対する企業の選択肢としては、①有期雇用契約が5年を超えないように抑制する事実上の解雇、②無期雇用になれば正社員と同様に無限定の働き方を求める、③賃金等の水準は有期雇用時のままで無期雇用の保障、等の三つがある。

この旧民主党政権時の法改正の趣旨は、雇用が不安定な有期雇用は臨時的な業務等に限定し、恒常的な業務には無期雇用を原則とするという論理にもとづいていた。しかし、現実に、賃金に見合う仕事を確実に行うことで何回も有期雇用契約を更新されてきた労働者にとって、今後、5年毎に慣れた職場を変えなければならないことは甚だ迷惑である。また、逆に正社員として雇用され賃金が増えるのは結構だが、これまでしなくても良かった慢性的な残業を強制されるのはお断りという社員もいる。結局、従来通りの働き方で、単に契約更新がなくなることになるが、正社員と同じ無期契約にもかかわらず、賃金格差が大きいことには不満が生じる。

こうしたジレンマから脱する一つの方向は、無期雇用後の働き方を、事実上の職種・地域限定正社員として処遇することである。この場合、スキルアップに対応した賃金引上げは可能となる点で、有期雇用時よりも待遇が改善される可能性がある。

新しい労働時間法制への改革

今回の労働法制改革の内で、もっとも大きな成果となったのは、仕事と生活の調和の取れた働き方を推進するための労働時間についての規制強化であった。日本の労働時間への規制は、欧州と比べれば、法定労働時間（1日8時間、週40時間）を超えた場合には、割増残業代の支払いを使用者に義務付けるのみである。もともと、法律で定める残業割増率には、企業に対して労働者を長時間働かせることを防ぐ「罰則」の意味があった。しかし、雇用保障慣行の下では、企業にとって新規雇用を増やすよりも、既存の労働者を長時間働かせることの方が割安となる（第4章参照）。また、労働組合にとっても、残業で割増賃金を受け取ることがあたかも「権利」であるかのような認識があり、長時間労働自体よりも、それに見合った残業代を完全に支払わないことが批判されている。この「残業代至上主義」を克服するために、企業として何ができるだろうか。

第一に、一般の労働者について残業時間管理の徹底化である。景気変動にさらされる製造業等では雇用を守るために、平時から一定の残業時間を確保する必要がある。しかし、需要が安定しているサービス業等では、少なくとも割増賃金率の高い深夜・法定休日の残業は原則しないことをルール化する。そのためには必要な人員増加か、または営業時間等の見直しで時間当たりの販売量の効率化を図る必要がある。今後の労働供給制約の強まりの下では、女性や高齢者の本格的な活用が不可欠となり、そのためには慢性的に長い労働時間は経営上も不利となる時代になっている。

第二に、2018年度から成立する見込みの大きな高度プロフェッショナル制度の対象者はごく限られている。しかし、そこで用いられている「成果に応じた賃金制度」の考え方を、現行の裁量労働制の対象となる職種についても適用することは、ある程度まで可能である。逆に、個々の企業毎に、仕事の成果に関する明確な基準がなければ、こうした制度を政府が作っても絵に描いた餅となる。他方で、残業割増率がなければ過大な仕事量を押し付けられるという懸念に対しては、一つの仕事が終わったら次の仕事を始めるまでに一定の日数を置く等、休業規制についての具体的な社内規定を明確に定めておく必要がある。

第三に、雇用の流動性を高める仕組みである。欧米では、高度の専門職に対して休業規制のような保護措置がないことは、仮に健康を害するような過大な業務を押し付けられれば、いつでも転職する選択肢があるためだ。これに対して日本企業では、企業内訓練の重視から「退職が不利となる仕組み」がビルトインされている。こうした仕組みをグローバルスタンダードに合わせることが、結果的に優れた多様な人材を中途採用できるための早道でもある。例えば、勤続年数に比例した「辞めると損をする」退職金制度の代わりに、ポータブルな企業年金制度を整備することはその一例である。また、子育て・家族の転勤や大学院等での資格取得等、個人の事情により退職した場合でも、希望すれば退職前と同じ条件で再雇用する選択肢も望ましい。離職・再就職等、生涯を通じた働き方の選択肢を広げることは、企業と労働者の双方にとっての利益となる。

3　人事評価の3点セット

個々の社員の会社への貢献度を、残業時間の長さや転勤の回数ではなく、仕事の成果で決める場合に、それをどのように評価するかの具体的なプロセスが問題となる。仕事の成果の判断は、それが客観的で透明性が高く、何よりも評価される社員の納得性が重要となる。そのためには社内で刑事裁判に類似した制度を用いて、被告が一般社員、直属の上司が検察官、そして直属の上司の上司が裁判官の役割を果たすことが有用である。

まず、第一に、直属の上司による一般社員の評価書の作成である。ここでは客観的な指標として、人事部の作成した共通のフォーマットで、勤務状況、仕事の自主性、顧客等からの評価等の個別項目についての上司によるランク付けと、包括的な勤務評価レポートからなる。これは海外の大学院等への推薦状と同様な形式で、たとえばＡランクには社員全体の上位10％というような明確な基準が必要となる。また、被告人の社員は、必要に応じて弁護士役として前の上司等に推薦レポートを依頼し、提出することもできる。もっとも、こうした上司による評価書は、日本企業でも程度の差はあれ、すでに作成されている場合が多い。

第二に、日本企業でほとんど行われていないのは、この人事評価書をその対象者である社員に必ず見せなければいけないことである。このプロセスを省くと、上司の一方的な思い込みによる評価となる危険性もあり、何よりも部下の納得性に欠ける。評価書を部下に見せると、職場の人間関係がギスギスするという批判があるが、それは「できない上司」の典型例といえる。むしろ人事評価の役割は、部下の短所を指摘することと同時に、その長所を上司の視点で示すことで、相互のコミュニケーションを図る貴重な手段といえる。

次に、部下が上司の評価書を読んで異論がなければ単にサインをして戻せば良い。しかし、何らかの異議があれば、まず口頭で反論し、それでも修正して貰えなければ、評価書に用意されている異議申し立て欄に、その内容を記入することができる。この人事評価への異議申し立ては、評価と一体的にできることが肝心であり、別個の苦情処理等の手続きを要するようではハードルが高すぎる。

第三に、平社員とその直属の上司との人事評価の意見の違いを見比べて裁定し、必要に応じて評価を修正することがトップ管理職の大きな役割である。仮に有能な部下を低く評価したり、逆に無能な部下を高く評価する管理職の評価は低いものとなる。また、直属の上司の評価に対する部下の反論は、匿名の訴えよりも信頼できる貴重な情報源となる。

これら人事評価の3点セットが揃わなければ、日本企業の人事制度はグローバルスタンダードに達しているとはいえない。人事部には、こうした人事評価を公平かつ円滑に行うために管理職と平社員の双方にアドヴァイズを行う「人材サービス」としての役割が重要となる。

毎年、こうした人事評価を積み重ねていけば、特定の社員についての評価が客観的なものになる。米国の企業では、解雇についての規制はないが、人種・性別・宗教等による差別的な解雇については人権侵害の観点から懲罰的な賠償金を課される場合がある。そうした元社員からの訴えに対抗するために、詳細な人事記録を補完し、「差別をしていないこと」の立証責任を果たすことも人事部の大きな役割となる。これは今後の日本企業にとってもいずれ必要とされる仕組みといえる。

♣コラム　「労働者の使い捨て」とは何か

日本では、「契約に基づく働き方」に対して、契約期間が切れれば事実上解雇される「労働者の使い捨て」というような蔑視的な表現が用いられる場合がある。これは、一度、雇用契約を結べば、個人の仕事能力や業務のあるなしにかかわらず、定年時までの雇用を保障することが企業の「雇用責任」であり、そうした働き方を保障することが政府の役割というような思想にもとづいている。

しかし、これは特定の業務を行うという前提で、それに見合った市場価格ベースの賃金を受け取る具体的な雇用契約であれば労使双方に利益があり、有期契約を更新しない方が不思議である。ここで労働者は他に有利な取引相手がいれば、いつでも契約更新を打ち切っても良いが、企業の方にはそうしてはいけないという論理は、暗黙の内に、企業に対して、社員の仕事能力が不足していても雇用を継続するという「企業毎の雇用保険」を義務付けていることになる。この保険料のコストは、結局、他の社員が負うか、あるいは新規採用の抑制という形で、他の労働者に転嫁される。

また、そうした企業の「雇用責任」は、労働者にとっては、企業内でどのような職務を行うかについて、一括して人事部の裁量に委ねる「無限定の働き方」を受け入れる義務と裏表の関係にある。例えば、「追い出し部屋」等での理不尽な勤務を命じられても、「そうした契約に明記されていない業務には就かない」と断る権利はない。雇用保険はあくまでも政府の責任で運営するもので、個々の企業毎に強制することは、給料に見合った働き方をしている労働者一般にとってもコストが大きいといえる。

４　女性の管理職比率引上げの意味

女性の高学歴化と社会進出は、働き方の改革を必要とする大きな要因となっている。すでにみたように、正社員の無限定の働き方を支えるために不可欠な存在が、世帯主を支え、家事・子育てに専念する専業主婦であり、「男性は仕事、女性は家事」の性別役割分担は、日本的雇用慣行を支える根幹ともいうべき前提である。これを改善し、「男女にかかわりなく仕事と家事・子育ての両立」を図ることは、企業の本業から離れた「社会的責任（ＣＳＲ）」ではない。これは人事管理の効率化を通じた企業自身の利益を増やすための手段である。

日本の管理職の女性比率が、極端に低いことの大きな要因は、もっぱら内部昇進を前提としている雇用慣行にある。これは社内に適切な女性の管理職候補がいないためといわれるが、仮に社内にいなければ、多様な経験をもつ人材を社外から中途採用すれば良い。これは企業経営に重要な役割を果す管理職の市場を流動化することに結びつくが、それは女性に限定する必要はなく、男性についても同様である。

企業の外部から管理職を採用すれば、内部昇進の機会が減り、社員の働く意欲が阻害されるとの批判もある。しかし、これまでのように管理職を内部昇進に限定するというのは人事管理上の「保護主義」の一種である。長い経験をもつ生え抜きの社員の多くは、保護されなくとも外部からの管理職候補に劣る筈はない。業務上の訓練を重視する日本企業では、平社員の雇用保障には一定の根拠があるとしても、企業内で重要な役割を果たす管理職にまでそれを適用することは、低成長時代にはコストが大きくなりすぎる。

今後の管理職とは、長年、企業のために働いた中高年者を処遇する役職ではなく、ひとつの典型的なジョブ型正社員の働き方に近い。部下の業務の効率化を図り、適切な人事評価を行うためには、部下よりも優れた業務能力をもつことが大原則となる。そもそも部下よりも仕事能力が上でなければ、正当な人事評価はできない筈である。とくに部下にできる筈の仕事をできないと強弁されたり、短時間でできる仕事に長い時間をかけ、残業代を稼がれてもチェックできない。逆に、管理職の判断の誤りでムダな仕事をさせられたり、追加の仕事が増えたりでは、そのために残業時間の増える平社員の負担は大きくなり、組織全体にとっての効率性は低くなる。

欧米企業の管理職の日本とのもっとも大きな違いは、「他に属せざる業務は管理職の仕事」である。部下の誰かが急病で休んだり、緊急な仕事が飛び込んで来た場合に、日本企業なら管理職が、仕事のできる平社員に追加の仕事として命じれば良い。しかし、職務の範囲が明確に定められており、機械の部品のように自らの職務しか果たさない欧米の平社員なら「自分の仕事ではない」と平然と拒否するのが普通である。結局、そうした追加の仕事は、管理職が自ら果たすしかない。その意味で、ジョブ型社員が大部分の組織における管理職とは、男女を問わず、どんな仕事にも対応できる能力と意欲を持ってなければならない「厳しい職種」といえる。

統計的差別の克服

日本企業で女性の活躍を阻んでいる大きな要因のひとつとして、企業による「統計的差別」がある（八代 1980）。これは欧米の企業にも存在するが、企業内の業務上の訓練に大きく依存する日本企業では、せっかく業務上の訓練で育て上げた社員が離職することは大きなコストをともなう。しかし、個々の社員の離職確率は予測できないため、企業内のポストへの配置や昇進の際に、女性という集団の平均的な離職率が男性よりも高いことを考慮せざるをえない。こうした企業の行動は、結果的に良い訓練機会を与えられない女性の就業意欲の低下や出産を契機とした離職を促し、統計的差別をいわば自己成就させるという面もある（山口 2017）。

すでに雇用機会均等法等の整備により、同じ業務の男女社員間で賃金に格差があることは許されない。賃金に影響するさまざまな要素を調整すると、男女間の賃金格差の大きな要因としては、管理職等の職階と勤続年数の差がある（第6章参照）。しかし、仮に男性の管理職と等しい勤続年数の女性でも必ずしも管理職になれるわけではない。これはその間のキャリアパスに大きな違いがあるためだ。これは管理職への昇進は、現実の勤続年数ではなく、女性平均の離職率を考慮した人事管理が影響しているためとみられる。

こうした性別にもとづく統計的差別は、博士や修士号の取得者を評価する本来の「学歴」ではなく、特定の銘柄大学の出身者を優遇する「学校歴」主義と同様に不合理な企業行動である。しかし、社会的に望ましくない慣行であるから単に法律で禁止すれば良いというわけにはいかない。

現行の日本の働き方の下では、企業に離職率の低い社員を選別する明らかなニーズがある以上、それを禁止すれば、単に陰に隠れて行うだけである。むしろ企業が統計的差別をしなくても済む方向に、日本の働き方を変えていくことが根本的な解決となる。具体的には、過度に業務上の訓練に依存するのではなく、企業一般的な情報技術を身につけた人材の活用や人事評価の精緻化・集積化により、性別よりも個人差に注目することが一つの方向となる。

5 市場原則で決める管理職ポスト

本来、能力主義人事は、平社員より裁量性の大きな経営者や管理職から始めることが、コーポレート・ガヴァナンスの鉄則である。日本の組織では、高い地位の管理職になるほど、責任は重くなるが、自分のために働いてくれる部下も増えることから、仕事をうまく配分すれば、自らの負担は軽くなる。社会的地位や給料が高く、仕事が楽になるなら、だれもが管理職を目指すのは当然である。そうした需要超過の「管理職市場」では、役職ポストは人事部が管理する「配給制度」となり、その公平性を担保するためには年功昇進が用いられてきた。

企業組織で、紙一重の差でしかるべき管理職になれなかった場合に、それに準じたポストを用意するのも人事部の大きな仕事である。官庁で高い管理職ポストに就けなかったキャリア官僚が外郭団体や民間企業へ天下りすることが、しばしば批判される。しかし、これは年功昇進制度の当然の結果であり、民間の大企業でも子会社や取引先にしかるべきポストが用意される点では同様である。しかし、人事部の悩みは、団塊の世代の退職により、必要な処遇ポストが増える一方で、低成長時代には子会社を増やすことが困難なことである。とくに情報化社会では、組織のフラット化へのトレンドがあり、管理職ポスト自体を減らす方向にあることからなおさらである。

しかし、管理職ポストが増やせなかったら、その需要を減らせばよいという逆の発想もできる。つまり「管理職になりたくない者」を増やせば、需要と供給のギャップは自然に解消する。そのためには、管理職の業務を現行よりもはるかに厳しくすることで、欧米の組織のように「専門職のままで結構」という社員を増やすのが最良の選択肢である。人事部の命令ではなく自らの選択の結果であれば、自分よりも年下の管理職の下で働いても摩擦は少ない。

管理職の仕事を、「高い給料に見合って働く」ようにするには、すでにみた人事評価の3原則の応用が有効である。これは、①部下の仕事の範囲を限定し、他に属せざる仕事は自分で引きうけること、②部下の仕事を常にモニターし、求められればその手本を示すこと、③部下の評価を明確に示し、それへの批判に対して誠実に対処すること、等である。もっとも、これは工場等の現場では当たり前のことで、工場長や職長は自分が責任をもつラインの工員の誰よりも優れた技能を持ち、指導する責任を負っている。ホワイトカラーでも、これと同じ原則を徹底すれば、年齢が高いだけの管理職は淘汰される。

このためには、管理職を希望するか否かの個人の選択の自由度を保証することである。「40歳代になっても平社員ではおかしい」のではなく、技術職や研究職一筋を希望する社員が、無理やり苦手な人事管理を強いられるという悲劇も回避される。管理職とは、あくまでもストレスの多い一つの専門的な職種であり、出世願望の高い一部の人達だけがなりたがるものに過ぎないという認識を共有する必要がある。

この結果、管理職に求められる責任を重くするほど、その希望者は減るため、これを管理職ポストの数に見合うところで調整すれば良い。慢性的に不足する管理職ポストの配分についても、需要と供給の市場原則を活用することが有効である。

6 人事部は人材サービス事業部へ

戦後の日本経済が、敗戦時の貧しい水準から豊かな先進国にキャッチアップする時期には、賢明な官僚が主導する中央集権体制が効果的であった。しかし、すでに先進国並みの経済水準に到達した後は、特定のモデルなしに自分で試行錯誤を重ねて進まなければならない時期になっている。その際には地方分権化を進め、地域毎のさまざまな試みから競争を通じて優れたものを見出すことが必要となるが、そのプロセスはいまだに確立していない。

大企業の人事部にも、これと同じことが当てはまる。他の先進国と異なり、特定の専門的なスキルもない、まったくの新卒未熟練者を喜んで採用するのが日本の人事部である。この結果、会社内での無限定の働き方の前提で、個々の社員の人事や配置転換に大きな裁量性を持ち、長期的にその人生を左右する力を持っている。過去の高い経済成長期で企業の組織が持続的に拡大していた時期は、人事部の指令にもとづく人事が有効であった。しかし、経済が停滞し、中高年社員が溢れる企業の状況の下では、人事部にとっても最適な人材配分は困難となっている。

むしろ人材の採用や昇進等の人事権を各部署に委譲し、上からの権限ではなく、人材サービスとして部署毎の人事マネージメントを支援するという発想の転換が必要ではないか。社員の教育訓練についても、内部での業務上の訓練だけでなく、大学や大学院で専門的な資格を取得しようとする社員を支援する必要がある。これまでも海外の大学への留学や国内のシンクタンク等への派遣で学位や調査能力を取得させる仕組みはあった。しかし、それは人事部が人選し、費用やその間の給与を会社が負担する業務命令方式であり、社員が努力してＭＢＡ等の高度な資格を取得しても昇給はなしという場合が多い。その結果、本人が会社の処遇に不満を持ち、転職してしまうことで双方にとって大きなロスとなる。こうした会社の丸抱え方式の人事部の命令ではなく、個人の選択で学位等の取得を申し出た場合に、例えば２年間を限度にそれを育児・介護休業と同様な「教育休業」として、無給で容認するという仕組みが考えられる。また、復職した際には、習得した資格にふさわしいポストや報酬で報いれば、あえて他の会社に転職する必要性はない。こうした仕組みが普及すれば、政府も雇用保険等で支援する可能性も示唆されている（１６３頁のコラム参照）。

他方、各部署の人事管理が主体になっても、他の部署の業務を知ることはいぜんとして重要である。そのためには画一的な配置転換ではなく、多様な人材の紹介や期限付きの派遣等の活用も考えられる。さらに、従来型の人事部採用でコア社員を育成することも、ひとつの選択肢としてあり得る。部署ごとの採用が原則の国際機関等でも、ごく少数ではあるが、ヤング・プロフェッショナルという修士以上の新卒採用ルートがある。

大企業の人事は、金融機関の資産選択と共通した面がある。ハイリスク・ハイリターンの人材とローリスク・ローリターンの人材をどう組み合わせるかは、各部署の特性や経済環境に応じて変わる。今後の低成長期に大学卒の社員のほぼ全員に、幹部候補生を前提とした多様な業務上の訓練を行うことは、企業にとって過剰投資となる。かつて小池（2005）は、高い経済成長の下で、幹部の選抜時期を引き延ばす「遅い昇進」が日本の特徴で、多くの社員が参加することで働く意欲が高まるとしていた。しかし、現在の低成長期でポストが限られる状況の下では、欧米型の「早い昇進」、すなわち、無限定で働く少数の幹部候補生以外は、ワークライフバランスが可能な専門職としての働き方で満足する方が望ましいといえる。高度成長期型の人事部の改革をいかにソフトランディングさせるかが、今後の企業経営の重点目標となろう。

♣コラム　雇用保険に教育休業制度を

日本の年金・医療等の社会保険の財政はいずれも逼迫しているが、この例外が雇用保険である。このため本来の失業給付以外に、幅広い社会政策目的の給付を引き受けている。例えば育児・介護のための休業中には賃金が支払われないことから、これを「準失業」と見なして、失業に準じた給付を支給している。これと同様に、大学等の教育機関で学ぶ間の生活費を保障できれば、企業外のキャリア形成の多様化が進むことになる。すでに雇用保険事業の一部として教育費支援があるが、その額は少なく期間も短いことから英会話学校程度にしか使えない。

具体的な対象としては、２年間以内に学位取得が可能な修士課程で、とくにビジネススクールやロースクールの市場価値は高い。また、それではハードルが高すぎる場合には、例えば大学で文学部卒の場合、経済学部や法学部に学士入学（編入）すれば、２年間で実学を学ぶことができる。

すでに育児や介護への支援に雇用保険が活用されている以上、質の高い教育を得ることでそれに見合った高い賃金と雇用の安定を得ることのできる労働者に支援することは、「人作り革命」の趣旨に沿うものといえる。

注

（1）本章は八代（1998）の基本的な部分を最近の動向を踏まえて書き直したものである。

（2）内部労働市場についての古典的な著作としてはDoeringer and Piore（1971）

おわりに

アベノミクス成長戦略の大きな柱としての労働市場改革は、経済成長の長期的な減速や少子高齢化の進展等、経済社会環境の変化に対応しない日本の働き方を、今後急速に増える女性や高齢者の視点で見直すことが主眼である。これまで主として労使間の利害調整に委ねていた労働市場問題について、政府が同一労働同一賃金の法制化や労働時間に関する規制の強化を図ることは、女性や高齢者の働き易い環境を整備することで、就業率を引き上げることを目的としている。また、雇用の流動化を進めることで、貴重な人材の経済全体としての効率的な配分を図ることは、個々の労働者の働き方の選択肢を高めるとともに、経済成長の押し上げを図る上でも重要となる。

しかし、政府の労働市場改革は、肝心の企業の働き方改革と結び付かなければ、その効果は小さい。政府の改革は、政治的な妥協で、その本来の目的を十分に達成できない可能性は大きい。しかし、労働市場改革の基本的な方向性自体は間違っていない。今後の具体的な法改正を待つまでもなく、現行の法制度の下でも、企業が実行できることは少なくない。

これまでの大企業の無限定な働き方の代償に、雇用と賃金が保障される正社員の働き方は多くの矛盾を生んでいる。この改革は、その中心に位置しており、広範な人事管理の裁量性を持っている人事部である。この大きな権限をもつ人事部が変われば、日本の働き方を変えることができる。これが本書の大きなメッセージである。

最後に本書を企画して頂いた日本評論社の斎藤博氏と妻信子の内助の功に感謝する。

2017年8月

八代尚宏

参考文献

大内伸哉（2015）『労働時間制度改革』中央経済社。

岡崎哲二・奥野正寛（1993）「現代日本の経済システムとその歴史的源流」、岡崎・奥野編『現代日本経済システムの源流』日本経済新聞社。

北岡大介（2017）『「働き方改革」まるわかり』日本経済新聞出版社。

熊沢誠（1977）「配置の柔構造と労働者の競争」『日本労働協会雑誌』第19巻1号。

玄田有史（2017）編『人手不足なのになぜ賃金が上がらないか』慶應義塾大学出版会
小池和男（2005）『仕事の経済学』東洋経済新報社。

小宮隆太郎（1989）『現代中国経済』東京大学出版会。

佐藤博樹（2017）「企業主導型キャリア管理から企業・社員調整型キャリア管理への転換の可能性」『ＤＩＯ』第３２７号。

人事院（2015）「平成27年職種別民間給与実態調査」

菅野和夫・荒木尚志（2017）編『解雇ルールと紛争解決』日本労働政策研究・研修機構
清家篤（2000）『定年破壊』講談社。

鶴光太郎（2016）『人材覚醒経済』日本経済新聞社

日本労働政策研究・研修機構（2012）編『日本の雇用終了』日本労働政策研究・研修機構

働き方改革実現会議（2016）『同一労働同一賃金ガイドライン案』
　http://www.kantei.go.jp/jp/singi/hatarakikata/dai5/siryou3.pdf

濱口桂一郎（2009）『新しい労働社会』岩波新書。

樋口美雄・八代尚宏（2006）『人事経済学と成果主義』日本評論社。

内閣府（2016）『仕事と生活の調和レポート２０１６』内閣府。

八代尚宏（1980）「男女間賃金差別の要因について」『日本経済研究』第9号、日本経済研究センター。

八代尚宏（1997）『日本的雇用慣行の経済学』日本経済新聞社。

八代尚宏（1998）『人事部はもういらない』講談社。

八代尚宏（2013）『社会保障を立て直す』日本経済新聞社。

山口一男（2017）『働き方の男女不平等』日本経済新聞出版社。

渡辺保（1999）『転職のすすめ』講談社。

Doeringer, Peter B. & Piore Michael J.（1971）*Internal Labor Markets and Manpower Analysis. Massachusetts*, D.C. Heath and Company.

OECD（2017）*Employment Outlook*, OECD.

Thurow, Lester C.（1975）*Generating Inequality: Mechanisms of Distribution in the U. S. Economy*, Basic Books.

著者紹介

八代尚宏（やしろ・なおひろ）

1946年生まれ。メリーランド大学経済学博士。上智大学教授、日本経済研究センター理事長、国際基督教大学教授等を経て、現在、昭和女子大学グローバルビジネス学部長・特命教授。最近の主な著書に『シルバー民主主義』（中公新書、2016年）、『日本経済論入門（新版）』（有斐閣、2017年）など。

働《はたら》き方改革《かたかいかく》の経済学《けいざいがく》

少子高齢化社会《しょうしこうれいかしゃかい》の人事管理《じんじかんり》

2017年9月25日　第1版第1刷発行

著　者——八代尚宏
発行者——串崎　浩
発行所——株式会社日本評論社
〒170-8474　東京都豊島区南大塚3-12-4
電話　03-3987-8621（販売）、8595（編集）
振替　00100-3-16
https://www.nippyo.co.jp/
印　刷——精文堂印刷
製　本——難波製本
装　幀——林　健造

ISBN978-4-535-55887-8